本书由吉林司法警官职业学院教科研创新团队基金资助出版

公共法律服务
高质量发展研究

张显华　陈　雷　王　铭　著

东北大学出版社

·沈 阳·

ⓒ 张显华 陈 雷 王 铭 2024

图书在版编目（CIP）数据

公共法律服务高质量发展研究 / 张显华，陈雷，王
铭著 . -- 沈阳：东北大学出版社，2024.9. -- ISBN
978-7-5517-3661-9

Ⅰ . D92

中国国家版本馆 CIP 数据核字第 2024250NX5 号

出 版 者：东北大学出版社
　　　　　地址：沈阳市和平区文化路三号巷 11 号
　　　　　邮编：110819
　　　　　电话：024-83683655（总编室）
　　　　　　　　024-83687331（营销部）
　　　　　网址：http://press.neu.edu.cn
印 刷 者：辽宁一诺广告印务有限公司
发 行 者：东北大学出版社
幅面尺寸：170 mm × 240 mm
印　　张：12
字　　数：209 千字
出版时间：2024 年 9 月第 1 版
印刷时间：2024 年 9 月第 1 次印刷
责任编辑：刘　莹
责任校对：项　阳
封面设计：潘正一
责任出版：初　茗

ISBN 978-7-5517-3661-9　　　　　　　定　价：60.00 元

前　言

　　随着社会的不断进步和法治建设的日益深入，民众对法律服务的需求也日趋多元化和专业化，这无疑对公共法律服务提出了更高的要求。在此背景下，推动公共法律服务的高质量发展，不仅是对法律服务行业自身能力的挑战，更是对法治社会建设成果的检验。法律服务的质量直接关系到人民群众的切身利益，也是衡量一个国家法治化水平的重要标志。公共法律服务的高质量发展，意味着服务范围的广泛覆盖、服务方式的便捷高效、服务内容的精准到位。这要求必须以人民为中心，紧紧围绕群众的实际法律需求，提供更加精准、高效、便捷的法律服务。同时，要注重服务的创新，运用现代信息技术手段，打破传统服务模式的束缚，推动法律服务朝着智能化、便捷化方向发展。

　　在推进公共法律服务高质量发展的道路上，专业化与普及化的有机结合是关键。一方面，需要通过专业化的法律服务团队，为群众提供高质量、高水平的法律咨询服务，解决复杂的法律问题；另一方面，需要通过普法宣传、法律援助等方式，提高群众的法律意识和法律素养，让法律服务更加贴近群众、服务群众。同时，建立健全公共法律服务体系，明确服务标准、规范服务流程，是提高法律服务质量的根本途径。通过完善相关制度和机制，确保法律服务的公平、公正、高效，让每个人都能在法律面前享有平等的权利和机会。此外，法律服务机构和从业人员应不断提升自身的专业素养和服务能力，以更好地满足群众的法律需求，而社会各界也应积极参与普法宣传和法律援助等活动，共同营造良好的法治环境。在这个过程中，应充分利用大数据、云计算、人工智能等现代信息技术手段，提高法律服务的智能化水平，为群众提供更加便捷、高效的服务。例如，通过建立线上法律服务平台，实现在线法律咨询、法律援助申请等功能，让群众足不出户就能享受到优质的法律服务。

本书分为七章，主要以公共法律服务高质量发展为研究基点。通过本书的介绍，让读者对公共法律服务高质量发展有更加清晰的了解，进一步摸清当前公共法律服务的发展脉络，为公共法律服务高质量发展研究提供更加广阔的空间。在这种背景下，公共法律服务高质量发展研究仍然有许多空白需要填补，需要在已有的基础上，进一步地深入开展研究工作，以适应不断发展的新形势。

本书编写分工如下：张显华负责本书编写策划及统稿工作，并撰写了 10.1 万字；陈雷撰写了 10.0 万字；王铭撰写了 0.8 万字。

著　者

2024年7月30日

目　录

第一章

公共法律服务概述

第一节　高质量发展的内涵与目标

一、高质量发展概念与目标

（一）高质量发展的概念

1.经济高质量发展

经济高质量发展，不仅仅是追求增长速度，更在于提升发展的质量和效益。这种发展模式强调了从高速增长向高效增长的转变，是新时代中国经济发展的必然选择。在经济高质量发展的道路上，持续的创新是推动力，它引导着产业结构不断优化，促使传统产业升级转型，同时孵化出更多新兴产业。这些新兴产业以高科技为引领，不仅提升了产业附加值，而且极大地增强了国家经济的国际竞争力。

在这一进程中，供给侧结构性改革扮演了关键角色，它致力于提高生产效率，去除过剩产能，优化资源配置，使得经济发展更加健康、可持续。全要素生产率的提高，正是经济高质量发展的直接体现，它意味着同样的投入能够产生更多的产出，或者说用更少的投入达到同样的产出。这不仅提升了经济效益，而且降低了对资源的消耗和对环境的压力。而随着科技的不断进步，新的生产方式、新的产品和服务不断涌现，为经济发展注入了新的活力。尤其是在数字经济、智能制造、新材料等领域，科技创新的成果正在逐步转化为现实的生产力，推动着产业结构的升级和经济的持续发展。同时，经济高质量发展也体现在基本公共服务的均等化上。这不仅是社会公平的体现，而且是经济持续健康发展的基础。只有当人们的基本生活和服务需求得到满足，才能释放出更大的消费潜力，进而推动经济的持续增长。在构建现代化经济体系过程中，还需要注意产业规模的适度性、质量效益的高度以及产业结构的合理性。这不仅要求在宏观层面上进行科学规划，更需要在微观层面上激发企业的创新活力和市场竞争力。而且，经济高质量发展是一个系统工程，它涉及产业结构、科技创新、资源配置、公共服务等多个方面。只有全面、协调、可持续地推进这些方面的工作，才能实现经济的高质量发展，为全面建设社会主义现代化国家奠定坚实的基础。

2.社会与生态的高质量发展

社会与生态的高质量发展，是新时代中国特色社会主义的重要组成部分，它体现了人与自然和谐共生的理念，以及社会全面进步和人的全面发展的追求。在社会发展方面，区域协调与城乡融合是关键。通过优化资源配置，缩小地区发展差距，能够实现更加均衡、更加公平的社会发展。这不仅有利于提升全体人民的生活水平，而且有助于增强社会的稳定性和凝聚力。同时，通过完善法治建设，充分保障人民平等参与、平等发展的权利，能够构建一种更加公正、更加和谐的社会环境。在生态建设方面，应致力于实现资源能源的高效利用和生态环境的根本好转。通过构建科学合理的国土空间规划体系，能够更好地保护和利用自然资源，实现生态、经济和社会的协调发展。同时，通过完善"空天地一体、陆海统筹"的生态环境监测体系，能够更加准确地掌握生态环境状况，及时采取有效措施应对环境问题。社会与生态的高质量发展是相辅相成的。通过推动绿色发展方式和生活方式的形成，不仅能够保护生态环境，而且能够促进社会的可持续发展。

（二）高质量发展的核心目标

1.经济增长与质量提升

高质量发展不再仅仅局限于传统的数量增长模式，而是更加注重质的提升和内涵的丰富。这一转变不仅是对经济发展理念的深刻变革，更是对发展路径和模式的全面优化。从经济增长的角度来看，传统的以速度为主导的发展模式已经难以为继。单纯追求GDP的增长往往伴随着资源的过度消耗、环境的严重破坏以及社会矛盾的日益激化。因此，高质量发展强调在保持经济稳定增长的同时，更加注重经济发展的质量和效益。这意味着要在保证经济增长速度的基础上，更加注重经济结构的优化和产业升级，推动经济向更高层次、更宽领域发展。与此同时，质量提升成为高质量发展的另一重要目标。质量是经济发展的生命线，是产品和服务的核心竞争力。提升质量意味着提高产品和服务的附加值，满足人民群众日益增长的美好生活需要。这要求在生产过程中注重技术创新和品牌建设，提高产品的科技含量和附加值；在服务领域，要提升服务水平和质量，增强消费者的获得感和满意度。实现经济增长与质量提升的双重目标，一方面要提升全要素生产率，通过技术进步、管理创新等方式提高生产要素的使用效率。这不仅可以降低生产成本，提高经济效益，而且有助于推动产业升级和转型。另一方面要优化资源配置，实现资源的有效利用和可持续发展。这需要加强宏观调控，引导资源向高效益、高附加值领域流动。同时，注重生态环境保护，实现经济发展与环境保护的双赢。此外，创新驱动发展是实现经济增长与质量提升的关键所在。创新是引领发展的第一动力，是建设现代化经济体系的战略支撑。应加大科技创新投入，培育创新型人才，推动科技创新与产业发展深度融合。同时，要注重制度创新和管理创新，打破体制机制障碍，激发市场活力和社会创造力。在推动经济增长与质量提升过程中，还要注重人民生活水平的提高。经济发展的最终目的是改善民生、增进人民福祉。因此，要在保障基本民生需求的基础上，不断提高人民群众的收入水平、教育水平、医疗水平等，让人民群众在经济发展中获得更多实惠。

2.生态环境保护与可持续发展

在追求经济增长的同时，注重生态环境的保护，实现经济与环境的和谐发展，已经成为当今社会的重要议题。高质量发展理念深刻认识到，经济增长不能以牺牲环境为代价。过去那种粗放式的经济增长方式，已经对环境造成了巨大的压力，导致生态破坏、资源枯竭、环境污染等一系列问题。因此，在推动经济增长过程中，必须采取有效措施减少对环境的负面影响。这包括严格控制污染物排放，加强环境治理和修复，保护生物多样性和生态系统平衡。为了实现生态环境保护与可持续发展，积极推动绿色、低碳、循环的生产方式至关重要。绿色生产旨在降低资源消耗，减少废弃物产生，通过技术创新和工艺改进，提高资源利用效率。低碳生产强调减少温室气体排放，推动清洁能源的使用，以降低对气候变化的负面影响。循环生产注重资源的循环利用，通过废物回收、再生利用等方式，实现资源的最大化利用和废弃物的最小化排放。在高质量发展的道路上，企业和公众都扮演着重要角色。企业需要树立绿色发展理念，加强内部管理，采用先进的环保技术和设备，降低生产过程中的环境污染。公众应增强环保意识，积极参与环保行动，共同推动生态环境保护与可持续发展。

3.社会全面进步和人的全面发展

社会的全面进步不仅体现在物质财富的积累与科技水平的提升，更在于社会制度的完善、文化的繁荣、生态环境的改善等多个方面。随着经济的持续增长，社会结构逐渐优化，公共服务体系日益健全，人民群众的生活质量得到了显著提升。优质的教育资源让每个孩子都能享有公平受教育的机会，先进的医疗技术为人们的健康保驾护航，丰富多彩的文化活动满足了人们日益增长的精神需求。同时，社会治理体系的不断完善，使得社会更加和谐稳定，人民群众的获得感、幸福感、安全感不断增强。人的全面发展既是社会全面进步的重要体现，也是高质量发展的最终落脚点。人的全面发展不仅意味着身体素质的提升和知识技能的增长，更包括思想道德水平的提升、审美情趣的培养以及个性特长的发挥等多个方面。在高质量发展的进程中，人们更加注重自我价值的实现，追求更高层次的精神满足。群众通过不断学习、实践和创新，提升自己的综合素质和能力水平，成为推动社会进步的重要力量。同时，高质量发展要求关注社会的公平与正义，努力缩小地区、城乡以及收入等方面的差距。只有在公平正义的社会环境中，每个人才能拥有平等的发展机会，才能充分发挥自己的潜能和才华。因此，需要不断完善社会保障体系，推动城乡一体化发展，确保每个社会成员都能共享发展成果。此外，生态环境既是人类生存和发展的基础条件，也是社会全面进步和人的全面发展的重要保障，需要坚持绿色发展理念，推动经济发展与环境保护相协调，努力实现人与自然的和谐共生。

二、高质量发展的特征

（一）经济发展维度

1.产业发展规模适度

产业发展规模适度是确保经济平稳、健康发展的重要前提。它意味着产业重点领域的产能规模要与社会需求紧密相连，既要满足国内市场的蓬勃发展，也要兼顾国际市场的多元需求。在农业领域，这一理念的体现尤为明显，通过实现规模经济，经营者能够降低成本，提高效益。为了达成这一目标，农业农村产业发展正致力于培育发展家庭农场、合作社、龙头企业以及社会化服务组织和农业产业化联合体，这些新型经营主体和服务模式的涌现，不仅优化了农业资源配置，而且增强了农业的整体竞争力。在制造业方面，产能规模的合理性同样至关重要。制造业重点领域的产能必须满足国内市场的发展需求，同时要考虑到国际市场的变化和需求。特别是在钢铁、建材、有色、石化等关键行业，产能总量必须与环境承载力、市场需求以及资源保障相协调。这意味着，这些行业的空间布局需要与区域经济发展步调一致，以确保产能利用率达到合理避免产能过剩或资源浪费的水平。服务业作为国民经济的重要组成部分，其产业规模的发展也需适度。以新一代信息技术为代表的高技术正成为服务业发展的强大引擎。数字化、信息化的广泛应用，不仅提升了服务业的效率和品质，而且满足了人民群众日益增长的美好生活需要。这种技术革新推动了制造业向产业链高端转移，使得服务业与制造业的融合发展成为可能，进一步促进了产业结构的优化升级。

2.产业发展质量效益高

随着时代的进步和经济的发展，产业质量的提升已经成为推动国家经济发展的重要动力。在这个过程中，农业经济正经历着一场深刻的变革，从过去单纯追求规模和数量的"吃饭农业"，逐步转变为注重农产品质量和品牌效应的"品牌农业"。这一转变不仅意味着农业生产方式的升级，更是农业价值观的一次重塑。现在，农业不再仅仅是为了满足人们的温饱需求，而是朝着提供高品质、有机健康的农产品方向发展，从而实现由"增产"向"提质"的高质量发展跃迁。与此同时，制造业也在全球价值链中不断攀升，其产品已经占据了中高端环节，附加值显著提升。智能制造和精细制造成为制造业发展的新趋势，我国正逐步掌握核心设备和关键零部件的制造技术，这标志着制造业正由传统模式朝着高技术、高附加值方向转变。这种转变不仅提高了产品的市场竞争力，而且为我国制造业的长远发展奠定了坚实的基础。服务业作为国民经济的另一大支柱，其生产效率也在不断提高。现代服务业正朝着满足消费者多层次、定制化需求的方向发展，提供高质量、多样化、个性化的服务已经成为服务业发展的新目标。这不仅提升了消费者的满意度，而且极大地丰富了市场的服务种类和质量，进一步拉动了内需，促进了经济的持续增长。

3.产业结构合理

科技的日新月异，为产业结构的调整与优化注入了强大的动力。在这个过程中，资本要素的日益丰富也起到了推波助澜的作用，使得我国产业结构正在经历一场前所未有的深刻变革。科技与资本的紧密结合，为产业升级和转型奠定了坚实的基础。传统的劳动密集型制造业逐渐让位于技术密集型和资本密集型制造业，这一转变不仅仅是生产方式的革新，更是对产业核心竞争力的重塑。高技术产品的不断涌现，正是这场变革的直观体现。这些高技术产品不仅科技含量高，而且附加值大，对于提升制造业的整体技术水平起到了关键作用。在这场产业结构的调整中，知识密集型生产性服务业和消费性服务业的崛起尤为引人注目。生产性服务业，如研发设计、信息技术服务等，正逐渐成为制造业不可或缺的配套服务。它们为制造业提供了从前端研发到后端市场推广的全方位支持，极大地推动了制造业的创新发展。这些服务业的兴起，不仅优化了产业结构，更为经济的整体升级注入了新的活力。

与此同时，消费性服务业也迎来了前所未有的发展机遇。教育、医疗、文化娱乐等领域的快速发展，不仅极大地提升了人民的生活质量，更拉动了内需，促进了经济的持续健康发展。这些行业的繁荣，使得人们的消费需求得到了更为多元化和个性化的满足，进一步推动了消费市场的扩大和升级。在这场产业结构调整的浪潮中，各行各业都面临着前所未有的机遇与挑战。传统行业需要不断进行自我革新，以适应新的市场环境；而新兴行业则要抓住机遇，迅速崭露头角。科技与资本的深度融合，使得这一切成为可能。它不仅改变了传统产业的生产方式，更引领了一个新的产业发展方向。

4.产业融合发展趋势更加明显

在当今这个快速变革的时代，不同产业之间的界限逐渐模糊，相互渗透、紧密交融、互相促进的态势愈发显著。这种融合不仅体现在一二三产业之间，更深入到各个产业的内部，形成了你中有我、我中有你的新格局。以转变生产方式为主线，在大数据、智能应用、云计算和互联网等先进技术的支撑下，信息产业蓬勃发展，为三大产业的融合发展提供了有力支持。全要素生产率的不断提升，正是产业融合带来的显著成效之一。信息产业的迅猛发展，不仅提高了生产效率，更推动了产业结构的优化升级。在农业领域，工业、互联网、服务业的先进理念被引入，为现代农业的发展注入了新的活力。通过构建现代农业生产体系和经营体系，农业与产品加工、休闲旅游、文化创意、健康养老等产业的深度融合正在逐步实现。这种融合不仅丰富了农业的内涵，而且拓展了农业的外延，为农民增收和农村经济发展开辟了新的途径。在制造业和服务业方面，物流、金融等一体化协调发展已成为趋势。高度灵活的个性化和数字化的产品与服务的生产模式正在逐步建立，这不仅满足了消费者日益多样化的需求，而且推动了制造业和服务业的转型升级。通过融合发展，制造业和服务业之间的界限逐渐被打破，形成了相互促进、共同发展的良好局面。产业融合发展的趋势不仅带来了生产效率的提升和产业结构的优化，更推动了经济的高质量发展。在这个过程中，各种先进要素和技术创新的相互渗透和交融起到了关键作用。随着融合的深入推进，未来各产业之间的关联将更加紧密，经济发展将更加稳健和可持续。同时，在融合过程中，新的业态、新的模式和新的产品不断涌现，为经济增长注入了新的动力。这不仅促进了就业和创业，而且推动了社会的全面进步和发展。值得一提的是，产业融合发展还带来了资源的高效利用和环境的持续改善。通过技术创新和模式创新，各产业在融合发展中实现了资源的共享和优化配置，减少了浪费和污染。

（二）社会发展维度

1.中等收入群体规模不断壮大

中等收入群体规模的扩大，正逐步塑造出一种合理的利益结构和可持续发展的"橄榄型"社会结构。这一趋势不仅预示着社会经济结构的优化,更彰显了国家发展的活力和稳定性。清华大学中国经济思想与实践研究院的分析与预测报告显示,未来15年内,我国中等收入群体的数量有望实现翻倍增长,这一前景无疑为社会的持续繁荣注入了强心剂。北京师范大学的系统研究也进一步印证了这一趋势,预测到2035年,我国中等收入群体的比重可以超过总人口的50%。这一数据不仅揭示了中等收入群体在未来的显著增长,更体现了社会财富分配的日趋均衡与合理。中国(海南)改革发展研究院执行院长迟福林的观点也与此相呼应。他指出,从2020年到2035年,是我国由中高收入阶段向高收入阶段迈进的关键时期。在这一重要时期,中等收入群体的比例需要从现在的30%左右提升至50%以上。这一目标的实现,将对我国社会经济结构产生深远影响,不仅有助于提升国民整体消费水平,更能进一步促进社会和谐与稳定。中等收入群体的壮大,意味着更多的人将享受到经济发展的红利,拥有更稳定的经济基础和更高的生活质量。这一群体的扩大,也是国家经济实力和社会发展水平提升的重要标志。

2.社会保障制度更加完善

随着人民群众生产生活环境的日益安全,抗灾害和安全事件能力的显著增强,公民的各项基本权利得到了更为有效的保障。这不仅体现在日常生活的方方面面,更在特定行业领域得到了深入体现。例如,在高危行业领域强制实施安责险制度,通过调动社会专业技术服务力量,有效地防范和化解了重大安全风险,为从业人员提供了一道坚实的安全屏障。在社会保障制度建设过程中,基层自治制度的完善与落实同样不可忽视。村民自治制度的逐步健全,如村民(代表)会议、村级议事协商等制度的完善,形成了民事民议、民事民办、民事民管的多层次基层协商格局。这种自治机制不仅增强了村民的归属感和责任感,而且为社会保障制度的落地实施提供了有力的基层支撑。党组织领导的村民自治组织实现规范化建设,进一步推动了社会保障制度在基层的深入人心。根据国家信息中心的预测,社会保障制度将在不久的未来实现全面定型、稳定发展。这一目标的实现,将基于覆盖城乡的基本保障制度,确保每个人都能享有基本的社会保障。在规范、有序的条件下,社会保障制度将实现良性运行,为社会的和谐稳定提供坚实的制度保障。在这样的发展趋势下,社会保障制度将更加注重个性化、多样化的服务提供，以满足人民群众日益增长的美好生活需要。无论是基本养老、医疗保险的普及，还是失业、工伤保险的完善，都将以人民群众的实际需求为出发点和落脚点。同时，公共服务体系的发展也将为社会保障制度的实施提供更为便捷、高效的支持，让人民群众在享受社会保障的同时，更能感受到社会的温暖和关怀。

（三）生态发展维度

1.国土空间布局逐步完善

国土空间布局的逐步完善，是国家土地资源管理精细化的重要标志，显示出国家对于土地资源的重视以及对其高效利用的追求，这一完善过程是深思熟虑、科学规划的结果。优化国土空间规划体系，是为了更好地布局生态、生产和生活三大空间，实现各类空间的和谐与共生。这不仅是对国家土地资源的负责任态度，而且是对未来发展深思熟虑的体现。在推进国土空间规划过程中，必须严格遵循"谁组织编制、谁负责实施"的原则。这一原则的确立，旨在强化规划编制者的责任感，确保群众能够以高度的责任心和使命感，精心编制并有效执行规划。只有规划编制者对规划的实施效果负责，才能确保规划的质量和可执行性，从而避免出现规划与实际执行脱节的情况。

同时，实行国土空间规划实施情况的动态监测和绩效考核机制，也是确保规划灵活与高效实施的关键。这种机制能够及时发现问题，对规划进行必要的调整，确保其始终与实际情况相符合。动态监测和绩效考核不仅是对规划实施效果的检验，而且是对规划编制者工作成果的评价。通过这种机制，可以及时发现规划中存在的问题，为后续的规划调整提供有力支持。国土空间规划的实施，需要以统一用途管制为手段，构建起完善的国土空间开发保护制度。这一制度的确立，旨在保障国家土地资源的合理利用，防止出现资源浪费和破坏环境的情况。通过统一用途管制，可以确保各类空间的和谐发展，实现土地资源的最大化利用。在此背景下，国土空间治理体系和治理能力现代化水平的提升显得尤为重要。这不仅是对国家土地资源管理能力的全面检验，而且是对国家未来发展潜力的深度挖掘。一种生产空间集约高效、生活空间宜居适度、生态空间山清水秀的国土空间格局，不仅有利于提升国家形象，更能为国家的长远发展奠定坚实的基础。而生产空间的集约高效，意味着在有限的土地资源上实现最大化的经济效益。这需要科学规划产业布局，优化资源配置，提高土地利用效率。通过精细化管理，可以减少资源浪费，提高生产效率，从而推动经济的持续健康发展。在这个过程中，合理规划城市空间，完善基础设施和公共服务设施，打造宜居环境，是提高居民生活幸福感的重要途径。同时，适度控制城市规模，避免过度扩张带来的种种问题，也是确保城市可持续发展的关键。

2.建立多样化的生态系统保护与修复体系

建立多样化的生态系统保护与修复体系，是当前生态环境保护工作的重中之重。这一体系的形成，融合了天然林保护、退耕还林、三北防护林、荒漠化治理、石漠化治理等重大生态工程，构建了一个多层次的国土绿色屏障。这些工程各自扮演着不同的角色，却又相互关联，共同构成了保护生态环境的坚实基础。

天然林保护工程作为其中的重要组成部分，致力于保护珍稀树种和原始森林，防止过度砍伐和破坏，从而维护生态平衡。退耕还林工程则是将坡耕地等不适宜耕作的土地逐步转化为林地，增加绿色植被覆盖，提高土地的水源涵养能力。三北防护林工程在北方风沙危害严重的地区建设起一道道绿色屏障，有效阻挡风沙侵袭，保护农田和村庄。荒漠化治理和石漠化治理工程则针对荒漠化和石漠化地区进行综合治理，通过植树造林、水土保持等措施，恢复土地生态功能，提高土地利用率。除了这些重大生态工程外，部门绿化、社区绿化、交通干线周边绿化等社会绿化活动也在积极推进。这些活动不仅美化了环境，而且提高了公众对生态环境保护的认识和参与度。特别是"互联网+"全民绿化行动，借助互联网平台的力量，广泛动员社会各界参与植树造林活动，形成了人人关心、人人参与的良好氛围。在这一体系下，生态资源总量得以稳步增加，国土生态安全骨架基本形成。随着生态服务功能和生态承载力的明显提升，人们可以更加直观地感受到生态环境质量的改善。蓝天白云、绿水青山的美丽画卷正在徐徐展开，生态状况实现了根本好转。

此外，科学划定自然保护地类型也是这一体系中的重要环节。通过建成以国家公园为主体的自然保护地体系，可以更加有效地保护珍稀濒危物种和生态系统多样性。同时，建立统一规范高效的管理体制，实行国家公园与自然保护区分区管控，能够确保保护管理工作的有序进行。这些措施共同推进了保护管理效能的明显提高，使得生物多样性得到了有效保护。在改善农业农村生态环境方面，建立以农林业生态化发展与废弃物资源化利用为核心的标准化体系显得尤为重要。该体系将林地保护与四旁植树紧密结合，注重生态系统养护修复与生态环境保护的协同效应。同时，以农村人居环境改善为重要目标，推动农业农村生态环境的整体提升。这不仅有助于促进农业农村的绿色发展，而且能为农民提供更加宜居的生活环境。

3.支撑绿色低碳生活方式的基础体系基本建立

支撑绿色低碳生活方式的基础体系已经基本建立，这一成就的背后，是环境管理体系、能源管理体系、质量管理体系和安全管理体系的协同作用。这些管理体系共同构建了一份"绿色伙伴"清单，旨在从源头上加强管控，严格控制产品的生产过程和废弃物的回收再利用，从而确保整个产品生命周期的环保性和可持续性。随着这一基础体系的建立，一个产品全生命周期追溯体系也在不断健全。这个体系强调源头严管、过程严控，以及废弃物的回收再利用，确保每一个环节都符合环保标准。这不仅有助于提升产品的质量，而且能有效减少资源浪费和环境污染，实现经济与环境的双重效益。同时，绿色采购引领的消费模式正在逐步形成。越来越多的消费者开始关注产品的环保性能和企业的环保责任，从而选择更加绿色的产品和服务。这种消费模式的转变，不仅推动了市场的绿色发展，而且促进了企业积极承担社会责任，形成了一种良性的循环。

在交通领域，多样化的交通服务体系、综合性的交通道路网络体系以及配套的设施保障体系正在逐步完善。这些体系的建立，为市民提供了更加便捷、高效的出行方式。特别是轨道交通作为主干，常规公交作为主体，慢行交通作为补充的多模式绿色出行体系的基本构建，更是让绿色低碳出行成为可能。这种出行方式不仅减少了交通拥堵和空气污染，而且提高了人们的出行效率和生活质量。此外，为了推动生活垃圾的减量化、资源化和无害化处理，建立了一套完善的基础设施保障体系。这个体系确保了生活垃圾分类、收集、运输和无害化处理各环节的无缝衔接，从而有效地减少了垃圾对环境的污染。这一举措不仅提升了城市的环境质量，而且为市民创造了一种更加清洁、健康的生活环境。随着这些基础体系的建立和完善，绿色低碳生活方式在全社会得到了有效推广。人们开始更加注重环保、节约资源，从自身做起，为地球的可持续发展贡献力量。这种生活方式的转变，不仅增强了人们的环保意识，而且推动了社会的绿色发展，为未来的可持续发展奠定了坚实的基础。

4.资源节约与循环利用标准化能力显著提升

资源节约与循环利用标准化能力的显著提升，标志着我国在可持续发展道路上迈出了坚实的步伐。通过不懈努力，已经成功构建了一个指标领先、既符合我国实际情况又与国际接轨的节能标准体系。这一体系不仅覆盖面广，而且能效指标普遍达到了国际先进水平，展现了我国在节能减排方面的决心和实力。更为重要的是，节能标准的实施与监督工作也取得了显著进步，形成了国际领先的工作体系。这一体系的建立，确保了各项节能标准能够得到有效执行，从而为我国实现绿色发展提供了有力支撑。同时，能耗限额标准的覆盖率进一步提升，这意味着更多的行业和领域被纳入节能管理的范畴，为实现全面节能减排奠定了坚实的基础。

在节水方面，农业、工业、城镇以及非常规水利用等各领域的节水标准化工作已经基本实现。这不仅体现在取水定额、节水型公共机构、节水型企业等各个方面的标准化管理上，而且体现在产品水效、水回用、非常规水利用等节水标准体系的完善上。这一系列举措有力地推动了水资源的高效利用，形成了水资源供给与生活生产发展规模、结构和空间布局等协调发展的现代化新格局。资源循环利用深度融入经济社会发展各领域，也是我国标准化能力提升的重要体现。通过实现国际国内关键资源循环利用标准的一致性，产品销售逐步转变为产品使用权转移，进一步促进了资源的合理利用和减少浪费。此外，这一系列成就也彰显了我国在资源节约与循环利用方面的技术创新和管理进步。通过引进先进的技术和管理经验，结合我国的实际情况，不断创新和完善相关标准，使得我国在资源节约与循环利用领域走在了世界的前列，这既为我国经济的持续发展注入了新的动力，也为全球可持续发展作出了重要贡献。

5.应对气候变化标准体系建设完善，标准化取得决定性进展

应对气候变化标准体系的建设已经日臻完善，标准化工作在此领域取得了决定性的进展。这一成就体现在多个层面，无论是减缓、适应还是信息沟通等

标准体系，都已经基本建立并投入使用。这些体系的建立，不仅为各地区各部门在推进应对气候变化标准化工作方面提供了明确的思路，而且为实际操作提供了有力的支撑。温室气体排放的相关标准已经明确，这为后续的数据收集、核算和报告工作奠定了坚实的基础。排放数据的质量得到了显著提升，这得益于标准化工作的深入推进和数据管理技术的不断创新。现在，关键行业领域的温室气体核算与报告已经变得更为准确和高效，这为单位产品温室气体排放限额的制定提供了科学依据。

低碳企业（园区）评价标准的实施，不仅推动了企业和园区向低碳化转型，而且形成了一批可复制、可推广的低碳发展模式。这些模式为其他企业和园区提供了宝贵的经验借鉴，进一步加速了全社会的低碳化进程。同时，碳足迹核算标准的完善，使得产品的碳足迹能够更为精确地计算和追溯，这有助于消费者作出更环保的选择，并推动企业改进生产工艺，减少碳排放。在审定核查方面，机构人员要求的标准化确保了审定核查工作的专业性和公正性。此外，碳封存捕获技术要求的标准化，为这一前沿技术的推广和应用提供了技术保障，有望在未来成为减少温室气体排放的重要手段。而碳汇核算与核查标准的建立，使得碳汇资源的计量和管理变得更为规范。这有助于科学评估碳汇资源的潜力和效益，为企业制定合理的碳减排策略提供了重要参考。

6.生态产品价值转化和实现体系不断健全

随着生态产品价值转化和实现体系的日臻完善，人类对生态产品的认知和利用已经跃升到一个崭新的层面。这一体系的逐步构建，不仅标志着人们对于生态环境保护意识的日益增强，更体现了在经济发展与生态保护之间寻求和谐共生的智慧。生态产品分类和质量等级划分体系的建立，是这个宏大体系中的基础一环。通过对生态产品进行科学分类和精准评级，人们能够更为系统地了解各类生态产品的特性和价值，进而为市场推广和消费者选择提供有利的参考。这种分类和评级不仅规范了市场秩序，更在无形中提升了消费者的生态环保意识，引导群众作出更为绿色、健康的选择。过去，生态产品的价值往往难以准确衡量，这在一定程度上制约了其市场的发展。如今，随着核算方法的不断进步，人们已经能够更为精确地评估生态产品的价值，从而为其定价和交易提供科学的依据。这不仅有助于保障交易的公平性，在长远看来，更将极大地推动生态产品市场的繁荣与发展。

一个规范、透明的生态产品交易平台和市场体系的建立，是这一体系中的又一亮点。这样的平台和市场不仅为生态产品的流通创造了良好的环境，更使得"绿水青山就是金山银山"理念得以真正落地。在这个平台上，优质的生态产品得以展示，消费者可以便捷地获取所需的信息，生产者也能因此获得更广阔的市场和更合理的回报。这种良性的市场循环，无疑将为生态保护与经济发展的和谐共生注入新的活力。生态产品价值转化和实现体系的健全，其意义远不止于经济和市场的繁荣，更重要的是，它在潜移默化中改变着人们的思想观念和生活方式。当生态产品的价值得到社会的广泛认可和珍视时，人们自然会更加关注生态环境，更加珍惜自然资源。

第二节　公共法律服务在社会发展中的价值体现

一、公共法律服务的概念

（一）公共法律服务的使命和角色

1.保障公民权利与实现法治社会的基础

公共法律服务，作为现代社会治理体系的重要组成部分，承载着保障公民基本权利、维护人民群众合法权益的重要使命。这一服务由司法行政机关统筹提供，以确保法律的公正实施，进而实现社会公平正义，为人民群众提供一种安居乐业的社会环境。公共法律服务并非单一的服务项目，而是一个涵盖了多个方面的综合性服务体系。法律知识的普及教育是公共法律服务的基础环节。通过广泛的法治宣传和教育活动，能够提升公民的法律意识和法治观念，使公民更好地了解自己的权利和义务，从而在日常生活中更好地运用法律保护自己。这种教育不仅限于传统的宣传讲座或法律课程，而且包括通过各种媒体和社交平台进行的互动式教育，让法律知识以更加生动有趣的方式传递给公众。在公共法律服务体系中，法律援助是另一项重要内容。对于经济困难或涉及特殊案件的当事人，法律援助能够提供及时、有效的法律帮助，确保群众在法律程序中的合法权益不受损害。这不仅体现了社会的公平正义，而且是法治社会应有的温度。

公益性法律顾问、法律咨询、辩护、代理、公证、司法鉴定等法律服务，是公共法律服务的进一步延伸。这些服务为公民提供了解决法律问题的多种途径，无论是个人纠纷还是商业争议，都能得到专业的法律支持和帮助。通过这些服务，不仅能够及时化解矛盾，而且能够在一定程度上预防法律问题的发生，为社会的和谐稳定贡献力量。而人民调解活动在公共法律服务中也占据着重要地位。这是一种有效预防和化解民间纠纷的方式，通过调解员的公正调解，帮助当事人双方达成和解，既节约了司法资源，又促进了社会和谐。人民调解不仅具有法律效力，而且能在一定程度上弥补法律程序的不足，让人民群众在感受到法律公正的同时，也能感受到社会的温暖和关怀。

2.公共法律服务在构建和谐社会中的重要角色

公共法律服务在构建和谐社会中扮演着举足轻重的角色。作为公共服务的重要组成部分，它不仅为公民提供了必要的法律保障，而且在维护社会稳定、促进公平正义方面发挥着关键作用。公共法律服务通过普及法律知识，增强了公民的法律意识和素养，使得人们更加懂得如何依法维权，这有助于营造一种和谐有序的社会环境。通过人民调解，许多民间纠纷得以妥善解决，既避免了矛盾的激化，又节约了司法资源，为社会的和谐稳定打下了坚实的基础。

（二）公共法律服务的意义和作用

1.公共法律服务的民生意义

公共法律服务作为政府公共职能的重要一环，其深远意义不仅体现在法治建设的推进上，更在于对民众生活的切实改善与保障。这一服务体系的建立，旨在解决群众日常生活中遇到的各种法律问题，为公民提供便捷、高效的法律援助。无论是邻里纠纷、家庭矛盾调解，还是劳动权益保护、消费者权益维护，公共法律服务都扮演着至关重要的角色。它不仅帮助群众了解和维护自身合法权益，而且通过专业的法律服务，为人们提供了一条解决问题的渠道，使得法律不再是遥不可及的高深学问，而是贴近生活的实用工具。这种服务不仅增强了民众的法律意识，而且提高了民众运用法律手段解决问题的能力，从而在保障和改善民生方面发挥了积极作用。在现代社会，法律服务的普及化和便捷化是衡量一个国家和地区文明程度的重要标志之一。通过公共法律服务，政府向民众传递了一个明确的信号：法律是维护社会公平正义的有力武器，而相关主管部门则是推动这一进程的重要力量。这不仅提升了民众对相关政府部门的信任感，而且激发了民众积极参与社会治理的热情。因此，公共法律服务不仅是一项法律服务工作，更是一项关乎民生福祉、社会稳定和谐的重要工程。

2.公共法律服务在国家治理现代化中的作用

通过提供全方位、多层次的法律服务，公共法律服务体系有效地弥补了市场机制和社会自治的不足，成为国家治理中不可或缺的一环。公共法律服务通过普及法律知识、提供法律咨询和法律援助等方式，增强了公民的法律意识和法律素养。这使得公民在参与社会治理时，能够更加理性、合法地表达自己的诉求，从而促进了社会的和谐稳定。此外，通过为弱势群体提供法律援助、参与公益诉讼等方式，公共法律服务有效地保护了社会弱势群体的合法权益，这不仅体现了国家的法治精神，而且提升了国家治理的公信力和权威性。

二、公共法律服务在社会发展中的重要性

（一）保障公民合法权益

1.公共法律服务便捷高效，助力公民解决日常法律问题

在日常生活中，公民往往面临着多种多样的法律问题，如劳动纠纷、合同纠纷、婚姻家庭问题等。这些问题如果得不到及时有效的解决，不仅可能影响公民的合法权益，而且可能引发社会矛盾和冲突。而公共法律服务平台的建立，为公民提供了一条方便快捷的咨询和求助渠道。通过这一平台，公民可以随时随地获取专业的法律咨询和法律援助服务，避免了因信息不对等而导致的权益受损。公共法律服务的高效性，体现在其服务流程的简化和服务质量的

提升上。传统的法律服务往往需要公民亲自前往律师事务所或法院等机构进行咨询和办理，而公共法律服务则通过线上线下的方式，实现了服务的全覆盖和全天候。公民只需通过电脑或手机等设备，就能轻松获取所需的法律服务。同时，公共法律服务注重服务质量的提升，通过引入专业律师团队、建立标准化服务流程等措施，确保公民能够享受到高质量的法律服务。公共法律服务不仅为公民提供了解决问题的途径，而且增强了公民的法治意识。通过参与法律服务过程，公民能够更加深入地了解法律知识和法律精神，从而在日常生活中更加自觉地遵守相关法律法规，维护社会的和谐稳定。同时，随着法律服务的普及和深入，社会各个领域的法治建设都得到了有力的推动，法治观念深入人心，法治实践日益丰富。

2.公共法律服务提升公民法治意识，推动社会法治化进程

公共法律服务作为法治社会建设的重要基石，其在提升公民法治意识、推动社会法治化进程方面发挥着不可替代的作用。通过提供全面、专业的法律服务，公共法律服务不仅帮助公民解决具体法律问题，更在潜移默化中培养了公民的法治思维和行为习惯。而且，通过参与公共法律服务活动，公民可以更加深入地了解法律知识和法律精神，认识到法律在维护社会秩序、保障公民权益方面的重要作用。同时，公共法律服务通过提供法律咨询、法律援助等服务，帮助公民解决实际问题，让公民在亲身体验中感受到法律的权威性和公正性。并且，法治化是社会发展的重要方向和目标，而公共法律服务作为法治建设的重要组成部分，通过提供全方位的法律服务，为社会的法治化进程提供了有力保障，确保了社会的各项事务都能够在法治的轨道上运行。此外，法治文化是社会文明进步的重要标志之一，它要求人们在思想上认同法律、在行动上遵守法律。而公共法律服务正是通过提供法律服务、开展法治宣传等活动，推动了法治文化的传播和普及，为社会的法治化进程奠定了坚实的思想基础。

（二）促进社会和谐稳定

1.公共法律服务化解社会矛盾，促进社会和谐共处

公共法律服务作为社会治理体系的重要组成部分，其在化解社会矛盾、促

进社会和谐共处方面发挥着举足轻重的作用。在复杂多变的社会环境中，各类矛盾纠纷难以避免，如何妥善地处理这些矛盾，成为维护社会稳定的关键。公共法律服务通过提供法律咨询、调解、仲裁等多元化纠纷解决机制，为化解社会矛盾提供了有效的途径。通过专业的法律服务人员，为当事人提供准确的法律咨询和判断，帮助当事人明确自身的权利和义务，引导其以理性、合法的方式表达诉求。这不仅能够避免矛盾双方因误解或信息不对称而引发更大的冲突，而且能够通过法律途径解决纠纷，维护社会的公平正义。除了传统的诉讼方式外，公共法律服务还包括调解、仲裁等多种纠纷解决方式。这些方式更加灵活多样，能够根据矛盾双方的具体情况和需求，选择最合适的解决方案。通过调解等方式，可以在保障双方合法权益的基础上，达成互利共赢的协议，从而有效化解矛盾，促进社会和谐共处。此外，通过加强对社会热点问题和潜在矛盾的关注和研究，公共法律服务能够及时发现和解决可能引发社会矛盾的问题，从源头上预防矛盾的产生。同时，公共法律服务通过普及法律知识、增强公民法治意识等方式，增强公民的法治观念和法律素养，使公民更加自觉地遵守相关法律法规，这有助于维护社会稳定、促进社会和谐。

2.公共法律服务预防潜在社会问题，夯实社会和谐稳定基础

社会和谐稳定是一个复杂而系统的工程，需要多方面的共同努力和协同配合。而公共法律服务作为其中的一环，通过其独特的作用和方式，为社会的和谐稳定贡献着力量。通过对社会现象的深入观察和分析，公共法律服务能够及时发现和识别那些可能引发社会矛盾的潜在问题。这些问题可能涉及劳动就业、环境保护、消费者权益等多个领域，公共法律服务通过提供专业的法律咨询和建议，帮助相关部门和机构提前采取措施，有效预防和化解这些潜在问题，从而避免了矛盾的升级和扩大。同时，公共法律服务通过普及法律知识和增强公民法治意识来预防潜在社会问题。通过开展法治宣传教育活动，公共法律服务向广大公民传递法律知识和法治精神，引导公民自觉遵守法律法规，理性表达诉求。这有助于培养公民的法律素养和法治思维，承担共同维护社会和谐稳定的职责。此外，通过不断完善法律体系，公共法律服务为社会的各个领域提供了更加全面、细致的法律保障。而加强法律服务网络建设则使得公民能够更加方便地获取法律服务，无论群众身处何地、面临何种问题，都能够得到

及时有效的法律支持和帮助。这不仅能够增强公民对法律的信任和依赖，而且能够提升社会的法治化水平，为社会的和谐稳定奠定坚实的基础。

（三）优化法治营商环境

1.公共法律服务助力企业依法经营

在市场经济的大潮中，企业作为经济活动的主体，其经营行为的合法性不仅关乎企业自身的长远发展，而且影响着整个经济社会的稳定和繁荣。公共法律服务在这一过程中扮演着至关重要的角色。它为企业提供了法律咨询、法律顾问等多元化服务，确保企业在法律框架内开展业务，有效规避各种经营风险。法律咨询是公共法律服务的重要组成部分，它为企业提供了及时、准确的法律指导。面对复杂多变的市场环境和法律法规，企业往往难以独自应对。而法律咨询服务的存在，使得企业能够在遇到法律问题时，迅速获得专业的解答和建议，从而作出合理的经营决策。这不仅有助于企业规避法律风险，而且能提高企业的运营效率和市场竞争力。法律顾问不仅为企业提供法律咨询，而且能协助企业制定和完善内部管理制度，确保企业的各项经营活动都在法律的轨道上运行。此外，法律顾问能在企业与其他主体发生纠纷时，为企业提供法律支持，维护企业的合法权益。

2.公共法律服务在知识产权保护中的重要作用

知识产权既是企业创新发展的重要资产，也是市场经济条件下企业竞争力的重要体现。而知识产权保护却是一个复杂且专业的领域，需要借助专业的法律服务来确保权益得到有效保障。在这方面，公共法律服务发挥着不可或缺的作用。公共法律服务通过提供专业的知识产权保护咨询，帮助企业建立和完善知识产权管理制度。这包括指导企业申请专利、商标和著作权等知识产权，以及协助处理知识产权侵权纠纷。这些服务不仅提升了企业的知识产权保护意识，而且增强了企业在市场竞争中的优势地位。同时，通过评估企业现有的知识产权状况，发现潜在的法律风险，并为企业提供相应的风险防范措施。这有助于企业在创新发展过程中及时规避法律风险，确保知识产权安全。此外，当企业的知识产权受到侵害时，公共法律服务会为企业提供法律支持，通过诉讼或非诉讼方式维护企业的合法权益，为企业创造了一种公平竞争的市场环境。

三、公共法律服务对社会发展的积极影响

（一）提升公民法律意识，普及法律知识

1.提升公民法律意识的重要性

在当今社会，法律意识的提升对于公民来说具有重要的意义。法律意识是指人们对法律的认知、理解和尊重，它是法治社会的基础。随着社会的发展和进步，法律在人们的生活中扮演着越来越重要的角色。因此，提升公民的法律意识，普及法律知识，成为一个重要的社会问题。一个国家的繁荣和稳定，离不开法律的保障。提升公民的法律意识，能够使公民更好地理解法律的意义和价值。因此，当公民的合法权益受到侵犯时，会选择通过法律途径来解决问题，而不是采取其他解决手段，这有助于维护社会的稳定和安全，促进社会的公平正义。而在日常生活中，公民可能会遇到各种各样的法律问题，如合同纠纷、劳动争议、消费维权等。如果公民缺乏法律意识，不了解自己的权利和义务，就无法有效地维护自己的合法权益。这就需要提升公民的法律意识，使公民更好地了解自己的权利和义务，增强自我保护能力。在市场经济中，法律是保障交易安全和公平竞争的重要手段。提升公民的法律意识，能够使公民理性地进行经济活动，促进经济的健康发展。

2.公共法律服务在提升公民法律意识中的作用

公共法律服务通过广泛的法律宣传、教育和服务，能够提升公民的法律意识和法律素养。这种服务使得公民更加深入地了解法律的原则和规定，进而在日常生活中更好地遵守法律，并学会运用法律武器来维护自身的合法权益。当公民遇到法律问题时，可以通过公共法律服务体系获得专业的法律咨询和帮助。这些专业的法律服务人员能够为公民提供准确、全面的法律信息，帮助公民了解自己的权利和义务，以及如何通过法律途径解决问题。这有助于公民更好地理解法律，增强法律意识。公共法律服务机构可以通过开展各种形式的法律宣传和教育活动，如法律讲座、法律培训、法律知识竞赛等，向公民普及法

律知识。这些活动能够使公民更加深入地了解法律的原则和规定，增强法律意识，提高法律素养。对于一些经济困难的公民，公共法律服务机构可以提供免费的法律援助。这使得那些无法支付高昂律师费用的公民也能够获得专业的法律帮助，维护自己的合法权益。这有助于促进社会公平正义，增强公民的法律意识。公共法律服务机构还可以通过举办法律文化活动，如法治主题展览、法律电影放映等，向公民传播法律文化。这有助于培养公民的法律信仰，增强法律意识，提高法律素养。

（二）提供及时有效的法律援助

1.公共法律体系的构建与社会服务效能的提升

在构建社会主义法治国家进程中，公共法律服务体系作为保障社会公平正义、促进和谐稳定的重要基石，发挥着不可替代的作用。这一体系不仅涵盖了法律援助、法律咨询、法治宣传等多个方面，更是将法治精神渗透到社会生活的各个角落，为不同社会主体提供了及时有效的法律保障。公共法律服务体系的构建，既是社会文明进步的体现，也是国家治理能力和治理体系现代化的必然要求。它通过完善各个环节，形成了一套系统完备、科学规范、运行有效的法律机制。在这一机制下，无论是个人还是组织，在面临法律问题时，都能够得到及时、专业的帮助和指导，从而保障了自身的合法权益。法律服务效能的提升，是公共法律服务体系建设的核心目标。同时，随着信息技术的快速发展，公共法律服务也在不断创新服务模式，利用互联网、大数据等技术手段，提高服务效率和质量。例如，通过在线法律咨询平台，人们可以随时随地获取法律信息，解决法律问题；通过智能法律服务机器人，可以实现24小时不间断的法律服务，满足人们的多样化需求。在法治的护航下，社会各个主体能够依法行使权利、履行义务，形成良好的社会秩序。同时，公共法律服务促进了社会公平正义的实现，让每个人都能在法律的阳光下享受到平等的权利和待遇。

2.法律援助的及时性与有效性在社会实践中的体现

在社会实践中，法律援助的及时性和有效性得到了充分体现，为社会弱势群体提供了有力的法律支持。当公民面临法律问题时，往往需要及时获取专业的法律帮助。法律援助机构通过设立热线电话、建立法律援助工作站等方式，实现了对公民法律需求的快速响应。无论是民事纠纷还是刑事辩护，法律援助机构都能够迅速介入，为受援人提供及时有效的法律帮助。法律援助机构通过提供专业的法律服务，帮助受援人维护合法权益、实现公平正义。在司法实践中，法律援助律师充分发挥专业优势，为受援人提供全面的法律分析和策略建议，帮助群众在诉讼过程中取得有利的结果。同时，法律援助机构通过参与调解、协商等方式，促进矛盾纠纷的化解，维护社会稳定和谐。法律援助的普及和深化也有助于提升整个社会的法治化水平，形成尊法学法守法用法的良好氛围。

（三）维护社会和谐环境

1.公共法律服务在构建和谐社会中的重要作用

公共法律服务作为现代法治社会的重要组成部分，对于构建和谐的社会环境具有不可替代的作用。它涵盖了法律咨询、法律援助、法治宣传等多个方面，旨在通过专业的法律服务为民众排忧解难，促进社会公平正义。在当下社会，随着经济快速发展，人们的法律意识逐渐提高，对法律服务的需求也日益增长。公共法律服务平台的建立，使得普通民众能够便捷地获得法律帮助，解决生活中遇到的法律问题。公共法律服务不仅为民众提供了解决问题的途径，更在无形中传播了法治精神。通过各种形式的法治宣传和教育，人们更加了解法律，懂得依法维权，这为社会的和谐稳定打下了坚实的基础。此外，在构建和谐社会进程中，通过及时有效的法律咨询和调解服务，很多潜在的冲突和矛盾得以化解在萌芽状态，避免了矛盾的升级和扩大。这种预防性的法律服务机制，对于维护社会稳定、促进人与人之间的和谐共处具有积极意义。

2.公共法律服务如何助力社会法治环境的营造

在现代社会中，法律意识的普及和提升是至关重要的，而公共法律服务正是这一过程中的重要推手。它通过各种形式的法律服务活动，如法律咨询、法律援助、法治讲座等，将法律知识广泛传播给社会大众，帮助人们树立正确的法治观念。在公共法律服务推动下，越来越多的人开始学会用法律的武器来保护自己的合法权益，这不仅提升了公民的法律素养，而且为社会的法治化建设奠定了坚实的基础。此外，这种公益性质的法律服务，不仅帮助了那些需要帮助的人，而且彰显了法治社会的温暖和人道关怀。

第三节 公共法律服务高质量发展的战略意义

一、公共法律服务高质量发展的重要意义

（一）促进法治建设

1.着重于普及法律知识

法治普及在我国社会建设中占据着举足轻重的地位。它是构建法治社会的基石，直接影响着广大民众法治意识、法律素养和法律信仰的塑造与提升。作为一个大国，我国的法治化进程对社会稳定与经济的持续发展具有深远影响。近年来，我国在法治普及工作方面取得了令人瞩目的进步。借助多元化的法治宣传活动，例如法治主题讲座、展览和文艺演出，法律知识已经更加贴近人们的日常生活。这些活动不仅增强了公众对法律条文的理解，而且加深了他们对法律精神的认同。值得一提的是，新媒体在这一过程中发挥了关键作用。通过互联网、手机App等现代传播工具，法律知识以更为生动、易于理解的方式传递给广大民众，极大地提高了法治教育的广泛性和实效性。在教育层面，学校法治教育的加强，使得法律知识成为课堂教育的一部分，让学生在获取知识的同时，也培养了其法治观念。此外，社会法治教育也在如火如荼地开展，各类法律培训和咨询活动帮助公众解决了实际的法律问题，提升了其法律素养和自我保护能力。随着我国法治普及工作的不断深入，整个社会的法治氛围日益浓厚。人们的法治意识在不断提高，对法律的尊重和信赖也在逐步增强。同时，法治教育的加强也促进了我国法律人才队伍的壮大，推动了法律服务水平的整体提升。

2.公共法律服务的优化

随着法治社会的深入推进，人民群众对法律服务的需求日益多样化、精细化，这就要求公共法律服务体系必须不断完善和优化，以满足人民群众日益增长的法律服务需求。在服务优化方面，我国注重提升法律服务的便捷性和高效性。通过完善法律服务网络，建立健全覆盖城乡的法律服务体系，使群众在家门口就能享受到便捷的法律服务。同时，我国积极推动法律服务与科技创新的深度融合，利用大数据、人工智能等先进技术手段，提高法律服务的智能化水平，为群众提供更加精准、高效的法律服务。在效能提升方面，尤为注重法律服务质量和效果的提高。通过加强法律服务监管，建立健全法律服务质量评估体系，对法律服务提供者进行定期考核和评价，确保法律服务的质量和效果符合人民群众的期待。此外，我国十分注重加强法律服务与社会治理的深度融合，将法律服务贯穿于社会治理的全过程，发挥法律服务在化解社会矛盾、维护社会稳定中的重要作用。通过不断优化法律服务供给、提升法律服务效能，其公共法律服务体系将更加完善、高效，能够更好地满足人民群众的法律服务需求，为法治建设提供有力支撑。

（二）服务经济社会发展大局

1.着重于公共法律服务建设，切实保障经济实现可持续发展

法治保障不仅能够为经济发展提供稳定的法治预期，而且能够有效化解经济发展过程中的各类矛盾和纠纷，确保各项经济活动的顺利进行，这就要求公共法律服务的发展应紧密围绕经济社会发展大局，不断完善法律服务体系，促进法律服务水平的提升，为经济发展提供坚实的法治保障。一方面，应加强对法律法规的宣传普及，提高企业和群众的法律意识，使这些主体在经济活动中能够自觉遵守相关法律法规，依法维护自身权益。另一方面，应积极构建多元化的法律服务平台，为企业和群众提供便捷、高效的法律服务，帮助企业和群众解决在经济发展过程中遇到的各种法律问题。这种法治保障对于经济发展具有重要意义。它不仅能减少因法律纠纷带来的经济损失，而且能够增强投资者的信心，吸引更多的资本和资源流入。同时，法治保障能够促进市场经济的

公平竞争，维护市场秩序，为经济的持续健康发展提供有力支撑。

2.公共法律服务在提升人民群众幸福感方面作出的重要贡献

在推动公共法律服务高质量发展过程中，应始终坚持以人民为中心的发展思想，致力于通过优质的法律服务，增进社会和谐，提升民生福祉。社会和谐是民生改善的重要基础，而公共法律服务则是维护社会和谐的重要手段，通过加强公共法律服务体系建设，有助于提高法律服务的普及率和可及性，使得人民群众在遇到法律问题时，能够得到及时、有效的帮助。这不仅有助于化解社会矛盾，维护社会稳定，而且能够增强人民群众的安全感和满意度。同时，随着经济社会的发展，人民群众对法律服务的需求日益多样化、个性化，通过优化法律服务供给，提供更加精准、便捷的法律服务，能够满足人民群众在法律咨询、法律援助、公证办理等方面的需求。这不仅提升了人民群众的法治获得感，而且有助于推动社会公平正义，增进民生福祉。在推动公共法律服务高质量发展过程中，还应注重发挥法律服务的预防性作用。通过加强法治宣传教育，提高人民群众的法律意识和法律素养，使其在日常生活中能够自觉遵守法律法规，这为社会的和谐稳定奠定了坚实的基础。

（三）保障和改善民生

1.公共法律服务高质量发展的民生意义

公共法律服务的高质量发展，不仅关乎法治社会的建设，更直接关系到每个公民的法律权益和生活品质。为此，应不断完善法律服务网络，提高法律服务的可及性和便利性。通过建立健全各级公共法律服务中心，配备专业的法律服务人员，确保每个需要法律帮助的公民都能得到及时、专业的指导。这种全方位、多层次的法律服务体系，不仅有效地解决了群众遇到的法律问题，更在潜移默化中提升了公民的法律意识和法治观念。应注重公共法律服务的创新与发展。通过运用现代信息技术，如大数据、人工智能等，提高法律服务的智能化和精准化水平。这些技术手段的运用，既提升了法律服务效率，又能够使得法律服务更加个性化、贴心。无论是线上法律咨询平台的搭建，还是法律援助机制的完善，都体现了我国在公共法律服务高质量发展方面的决心和努力。针对经济困难或特殊需求的群众，还应建立完善的法律援助体系，确保使其能够获得必要的法律帮助，维护自身合法权益，这也是我国公共法律服务高质量发展的生动体现。

2.公共法律服务在民生改善方面采取的重要举措

在推进公共法律服务高质量发展过程中，应始终坚持以人民为中心的发展思想，将法律服务的触角延伸到基层，深入到群众生活的方方面面。通过构建覆盖城乡的公共法律服务体系，为广大群众提供更加便捷、高效的法律服务，有效改善民生福祉。通过及时介入各类矛盾纠纷的调解，法律服务人员能够帮助当事人理性表达诉求，从而有效化解社会矛盾，维护社会大局的稳定。此外，通过组织各种形式的法治宣传活动，提高群众的法治意识、增强法治观念，能够使人民群众更好地运用法律武器保护自己的合法权益。这种普法教育不仅提升了群众的法律素养，而且为构建法治社会奠定了坚实的基础。我国通过为企业提供法律咨询和风险防范建议，帮助企业规避法律风险、优化经营环境，这为我国经济社会发展注入了新的活力。

二、公共法律服务高质量发展的路径与措施

（一）注重顶层设计，高起点高站位谋划公共法律服务体系建设

1.顶层设计在构建公共法律服务体系中的关键作用

在构建公共法律服务体系的宏伟蓝图中，顶层设计扮演着举足轻重的角色。通过周密的顶层规划，能够确立明确的目标与方向，为整个服务体系的构建奠定坚实的基础。在构建过程中，对整体框架的科学设计和对关键要素的精准把握，确保了公共法律服务体系的完整性和系统性。这种设计不仅涉及服务内容、服务方式等核心要素，而且关乎资源配置、运行机制等支撑体系，从而形成一个协调统一、高效运转的整体。因此，可以说，顶层设计是构建公共法律服务体系不可或缺的关键环节，它确保了服务体系的稳健性和可持续性，为公民提供更加优质、便捷的法律服务奠定了坚实的基础。这种全面而深远的规划，不仅体现了对法律服务体系建设的深刻理解和精准把握，更彰显了对于

社会公平正义的不懈追求和坚定承诺。同时，顶层设计也注重与实际情况的结合，通过深入调研和了解地方实际需求，制定出更加贴近民生的服务策略，从而确保公共法律服务能够真正落到实处，满足人民群众日益增长的法律需求。这种以人民为中心的设计理念，使得公共法律服务体系更加贴近民生、服务民众，为推动社会和谐稳定发挥了积极作用。

2.专项规划与制度设计推动公共法律服务体系全面发展

公共法律服务体系作为社会治理体系的重要组成部分，其健全与否直接关系到人民群众的合法权益和社会公平正义的实现。专项规划作为公共法律服务体系建设的蓝图，为各项工作提供了明确的目标和路径。通过深入分析法律服务体系现状和不足，专项规划能够精准定位问题，提出切实可行的解决方案。在专项规划指导下，制度设计成为推动公共法律服务体系发展的关键。完善的制度能够确保法律服务工作的规范化、标准化和高效化。例如，建立健全法律援助制度，可以确保困难群众获得必要的法律援助，维护其合法权益；完善律师执业制度，可以提升律师队伍的专业素养和服务质量，为人民群众提供更加优质的法律服务。此外，专项规划与制度设计需要注重与时俱进，不断适应社会发展的新要求和人民群众的新期待。随着经济社会的发展和法治建设的深入推进，公共法律服务体系面临着新的机遇和挑战。因此，专项规划和制度设计需要不断创新和完善，以适应新的形势和任务。同时，专项规划与制度设计需要注重协同配合，形成工作合力。公共法律服务体系涉及多个部门和领域，需要各方面共同参与、协同推进。通过加强部门间的沟通协调和资源整合，可以形成工作合力，推动公共法律服务体系全面发展。

（二）整合服务资源，积极开展公共法律服务活动

1.整合法律服务资源，深化社区与农村法律服务

近年来，我国各地区司法行政机关积极响应号召，大力整合法律服务资源，动员律师、公证人员、司法鉴定人员等法律专业人士深入社区与村屯，开展形式多样的法律服务活动。这些活动包括但不限于法治宣传、法律咨询、代写法律文书以及调解民间纠纷等，均以便民为宗旨，切实解决了居民在日常生

活中遇到的法律问题。通过编发居民常见法律问题解答手册、制作公共法律服务指南，居民能够更方便地了解法律知识，增强自身的法律意识。此外，设立律师公益法律服务日，更是为社区居民提供了一个直接与法律专家面对面交流的平台，使得法律服务更加贴近民生、深入人心。为了进一步提高法律援助的及时性和有效性，我国各地区还开通了法律援助直通车，建立了城市半小时、农村1小时、偏僻地区2小时的法律援助应急服务圈。这一创新举措大大降低了法律援助的门槛，扩大了法律援助的覆盖范围，确保每个需要法律帮助的居民都能在最短的时间内获得专业的法律服务。通过这些细致入微的服务，能够成功地将法律服务资源深入到基层，让法治的阳光普照到每个角落。

2.推进"法律进学校"活动，构建青少年法治宣传教育体系

在青少年法治教育方面，我国各地区通过大力推进"法律进学校"活动，努力构建起学校、家庭、社会"三位一体"的青少年法治宣传教育体系。这一体系的建立，旨在从小培养青少年的法治意识，让青少年在成长过程中始终秉持法治精神，成为遵纪守法的好公民。对此，在全国范围内，建立起多个青少年法治宣传教育基地。这些基地不仅为青少年提供了学习法律知识的场所，而且通过举办各种法治教育活动，如模拟法庭、法治讲座等，让青少年在实践中学习法律，感受法律的威严和公正。通过这些丰富多彩的活动，青少年不仅能够更好地理解法律知识，而且能够在潜移默化中树立起对法律的敬畏之心。在推进"法律进学校"活动过程中，始终坚持以青少年为中心，以法治教育为导向，不断创新教育方式方法，努力提高青少年的法治素养。这一举措不仅为青少年的健康成长奠定了坚实的基础，而且为社会的和谐稳定作出了积极的贡献。通过整合法律服务资源，积极开展公共法律服务活动，以及大力推进青少年法治教育，为构建一种法治氛围浓厚、法律服务便捷的社会环境提供了强有力的支撑。

（三）开展主题活动，调动和激发律师参与公共法律服务的积极性

1.主题活动引领律师积极参与公共法律服务

主题活动是激发律师积极参与公共法律服务的重要途径。通过精心设计和

组织的主题活动，可以有效地引领律师投身公共法律服务事业，发挥其专业优势。这类活动不仅为律师提供了一个展示才华、贡献社会的平台，而且增强了律师的社会责任感和使命感。在主题活动中，律师可以更加深入地了解社会对于法律服务的多元需求，从而调整自己的服务方向和重点。此外，活动能够促进律师之间的交流与合作，共同探讨和解决法律服务中遇到的难题，提升整个行业的服务水平和质量。通过这些主题活动，律师能够更加积极地参与到公共法律服务中，将自己的专业知识和技能转化为服务社会的实际行动，为构建和谐社会、维护公平正义贡献自己的力量。这种活动形式既丰富了公共法律服务的内容和方式，也有效地提高了律师参与公共法律服务的积极性和热情，进一步推动了公共法律服务体系的完善和发展。同时，这体现了律师作为法律专业人士，在推动社会法治进程中的重要作用，以及律师通过实际行动践行社会责任和担当的精神风貌。此外，主题活动能够加强律师与公众之间的互动和沟通，让公众更加了解和信任律师群体，提升律师行业的整体形象和公信力。这种互动将有助于增进律师与公众之间的相互理解和尊重，也为律师提供了更多接触实际案例、了解公众需求的机会，从而能够更精准地提供法律服务。

2.创新主题形式与内容，吸引律师参与

在调动和激发律师参与公共法律服务的积极性方面，主题活动的设计至关重要。通过创新形式与内容，可以吸引更多律师的关注和参与，从而推动公共法律服务事业的蓬勃发展。在主题活动形式上，可以采用线上与线下相结合的方式。在线上可以利用网络平台，如社交媒体、专业论坛等，进行线上直播、互动讨论等，突破地域限制，让更多律师参与其中。线下活动可以组织面对面的研讨会、培训班等，让律师能够深入交流、共享经验。而在主题活动内容上，可以关注律师关心的热点话题和实际需求。例如，组织关于律师职业道德、法律服务创新、法治建设等方面的讲座和研讨会，让律师能够深入了解行业发展趋势，提升专业素养。同时，可以开展法律实务操作、案例分享等活动，让律师能够从中学习到实用的知识和技能。此外，可以借助主题活动这一平台，为律师提供展示自我、交流合作的机会。例如，设立优秀律师风采展示环节，让律师分享自己的执业经历和成功案例；也可以组织律师之间的合作项目，通过团队协作解决实际问题，增强律师之间的凝聚力和向心力。

（四）拓展服务领域，扩大公共法律服务社会效果

1.公共法律服务体系的拓展与服务创新

在公共法律服务体系构建与发展中，拓宽服务领域、创新服务方式成为不可或缺的重要环节。这一体系旨在满足社会各界对法律服务的多元化需求，不仅为公民提供日常法律咨询和法律援助，而且致力于提升法律服务的整体社会效果。

在公共法律服务体系拓展方面，不再仅仅局限于传统的法律咨询和法律援助，而是积极纳入更多领域，如为机关、民营企业等提供全方位的法律服务。这一举措不仅丰富了公共法律服务的内涵，而且使其更加贴合实际，能够为社会各界提供更加精准、高效的法律服务。通过不断拓宽服务领域，公共法律服务体系在全社会范围内的影响力逐渐增强，成为维护社会稳定、促进经济发展的重要力量。在服务创新方面，公共法律服务体系也取得了显著成效。通过组织实施各类创新活动，如"百名律师挂职百户企业"等，不仅为中小微企业、民营经济提供了强大的法律支持，而且进一步推动了法律服务与经济社会发展的深度融合。这些创新活动不仅提升了法律服务的针对性和实效性，而且使得法律服务更加贴近民生、更加符合社会需求。此外，公共法律服务体系创新性地开展了"五大工程"活动。这些活动以律师为主体，涵盖了企业法律风险防范、居民法律服务阳光普照、大项目法律服务护航、社会稳定法律服务维系以及法律服务依法决策等多个方面。通过这些活动，法律服务更加精准地服务于经济社会发展大局，为构建和谐社会、推动经济持续健康发展提供了坚实的法律保障。

2.信访案件化解与社会矛盾纠纷的调处

在扩大公共法律服务社会效果过程中，我国高度重视并充分发挥律师在化解涉法涉诉信访案件中的独特作用。信访案件的妥善处理，对于维护社会稳定、促进社会和谐具有重大意义。组织律师参与信访案件的化解与代理，成为一项富有成效的举措。这一措施不仅有效地分担了各级司法机关和政府的工作负担，帮助他们解决了大量的信访难题和长期积压的案件。更重要的是，在律

师的专业法律知识和沟通技巧的助力下，大量社会矛盾纠纷得到了妥善化解。律师参与信访案件的化解，其实质是利用法律手段为民众排忧解难，实现社会公平正义。律师通过深入了解案情，为信访人提供法律咨询、代理申诉等法律服务，帮助信访人理性表达诉求，依法维护自身权益，不仅增强了信访人的法治观念，而且提高了其通过法律途径解决问题的能力。同时，律师的参与有助于提升信访工作的专业性和效率，通过运用专业的法律知识，为司法机关和政府提供法律意见和建议，推动了信访案件的合理解决。这种合作机制，既保障了民众的合法权益，又促进了政府依法行政，实现了法律效果与社会效果的有机统一。

（五）强化队伍建设，提高服务质量

1.加强公共法律服务队伍建设

近年来，我国在推进法治建设和公共法律服务体系建设上取得了显著成效。其中，加强公共法律服务队伍建设，成为提升服务质量和效率的关键一环，这离不开一支高素质、专业化的法律服务队伍，它是公共法律服务高效运转的有力保障。因此，我国通过定向培养、引进人才等方式，提升了专业化法律服务队伍的整体素质，还通过定期培训、交流学习等机制，不断提高队伍的专业能力和服务水平。在加强队伍建设过程中，注重从源头上保证队伍的质量。通过制定严格的选拔标准，确保每个进入公共法律服务领域的人员都具备扎实的法律基础知识和良好的职业道德。同时，我国积极搭建平台，为法律服务人员提供广阔的发展空间。例如，设立法律服务志愿者项目，鼓励更多的人参与到公共法律服务中；举办法律服务技能大赛，激发法律服务人员的创新精神和竞争意识。此外，通过开展形式多样的宣传活动，普及法律知识，提高公众对公共法律服务的认知度和满意度。同时，鼓励法律服务人员积极探索新的服务模式和方法，以满足不同群体的多元化需求。这些举措不仅提升了法律服务队伍的整体形象，而且提升了其服务社会的能力和水平。

2.提高公共法律服务质量的成效

在提高公共法律服务质量的道路上，我国始终坚持以人为本、服务至上的

原则，不断探索创新，取得了显著成效。通过优化服务流程、提高服务效率、丰富服务内容等举措，其公共法律服务质量得到了全面提升。在服务流程方面，我国尤为注重简化手续、缩短时限，为群众提供更加便捷的服务。例如，通过推行网上预约、在线咨询等方式，方便群众随时随地获取法律服务。同时，优化办事流程，减少不必要的环节，提高了服务效率。在服务效率方面，加强了对法律服务人员的考核和管理，确保律师能够以高效、专业的态度为群众提供服务。此外，我国致力于智能化、信息化服务手段的推广，如建立法律服务数据库、开发法律服务App等，提高了服务效率和质量。在服务内容方面，十分注重满足群众的多元化需求。针对不同群体、不同领域的特点，提供了个性化的法律服务方案。例如，针对农民工群体，开展法律援助服务，帮助其维护合法权益；针对企业需求，提供法律咨询、合同审查等服务，助力企业发展。

第二章

现代公共法律服务的现状与困境分析

第一节 公共法律服务的现状

一、公共法律服务理论基础

（一）新公共服务理论

1.新公共服务理论与政府职能转变

新公共服务理论，作为公共管理领域的一种新兴理念，深刻反映了当代政府对公共服务角色与职能的重新定位。该理论由美国公共管理学家罗伯特·登哈特等人提出，旨在超越传统的新公共管理理论，更加强调政府在公共服务中的核心地位和责任。在这一理论框架下，政府的角色不再局限于单一的掌舵者或划桨者，而是转变为服务提供者和公民权利的保障者。在新公共服务理论指导下，政府的主要职责是为公民提供优质的服务，并确保公共利益最大化。这要求政府不仅要有高效的行政能力，更要有对公民需求的敏锐洞察力和快速响应能力。公共利益不再是政府行动的副产品，而是其追求的目标。政府需要战略性地思考如何更好地满足公民的需求，同时通过民主的方式与公众互动，确保服务的内容和方式真正符合公众利益。新公共服务理论强调了责任的多元性。政府不仅要对上级负责，更要对公民负责，对提供的服务质量和效果负责。这种多元责任体系要求政府在提供服务时，必须考虑到各方面的影响，确保服务的公平性、有效性和可持续性。在基层公共法律服务领域，新公共服务理论的应用显得尤为重要。基层法律服务是保障公民权利、维护社会稳定的重要一环。通过运用新公共服务理论，可以指导政府在提供法律服务时，更加注重公民的实际需求，提高服务的针对性和实效性。例如，通过建立完善的法律咨询体系、提供便捷高效的法律援助等方式，真正将法律服务送到群众身边，解决群众在法律方面遇到的困难和问题。

2.新公共服务理论在基层法律服务中的应用与优化

新公共服务理论对于基层法律服务体系的构建与优化具有重要的指导意义。在这一理论引领下，基层法律服务不仅应关注法律问题的解决，而且需注重服务的人性化、便捷性和公民参与度。基层法律服务是法治社会建设的重要组成部分，它直接关系到公民法律权益的保障和社会公平正义的实现。新公共服务理论强调政府应以服务为导向，将公民的需求和满意度放在首位。在基层法律服务中，这意味着要提供更加贴心、专业的法律服务，确保每个公民都能在法律框架内维护自己的权益。为了实现这一目标，基层法律服务部门需要不断优化服务流程，提高服务质量。例如，通过建立线上线下的法律咨询平台，为公民提供及时、准确的法律解答；加大法律援助力度，为弱势群体提供必要的法律支持；开展普法宣传活动，提高公民的法律意识和维权能力。同时，新公共服务理论强调政府与公民之间的互动与合作。在基层法律服务中，这表现为鼓励公民积极参与法律服务的过程，提高群众的法律素养和维权能力。通过举办公民法律讲堂、开展模拟法庭等活动，让公民更加深入地了解法律知识，增强群众的法治观念。

（二）公平正义理论

1.罗尔斯公平正义理论与基层公共法律服务均等化的契合

自罗尔斯在《正义论》中阐述公平正义理论以来，便对社会科学领域产生了深远的影响。其核心理念强调社会资源的均衡分配，以及每个人在自由体系中的平等权利。在基层公共法律服务领域，这一理论与均等化的追求不谋而合。公共法律服务均等化，即意味着无论个体在社会中的地位、财富或背景如何，都应享有平等获得法律帮助和保护的机会。罗尔斯的第一个原则——每个人对其拥有的自由体系有着平等的权利，为基层公共法律服务均等化提供了坚实的理论基础。在法律服务领域，这一原则转化为每个人（无论其社会地位如何），都应平等地享有法律咨询、法律援助等服务的权利。这要求政府和社会共同努力，构建一个无差别、无歧视的法律服务体系，确保每个公民在法律面前的平等地位。罗尔斯的第二个原则——应当允许公司在不危及其他人基本自由的前提下利用自身优势谋取利益最大化，进一步强调了公平正义理论在社会资源分配中的应用。在基层公共法律服务中，这意味着服务应特别关注和照顾那些在社会经济地位上处于不利境地的群体。通过优化法律服务的资源配置，对处于不利境地的群体给予更多关注和帮助，从而缩小因社会经济条件差异导致的法律服务鸿沟。

2.公平正义理论在基层公共法律服务实践中的应用

公平正义理论在基层公共法律服务实践中的应用，是构建和谐社会、实现法治国家目标的重要一环。罗尔斯的公平正义理论不仅提供了理论上的指导，更为基层法律服务工作的实际操作指明了方向。在基层公共法律服务中，公平正义理论的应用首先体现在对服务对象的无差别对待上。无论服务对象的社会地位、经济状况如何，法律服务工作者都应秉持公正、平等的原则，为其提供同等的法律帮助。此外，公平正义理论强调法律服务的普及性和可及性。基层公共法律服务应覆盖到社会的每个角落，确保每个公民都能在需要时获得及时、有效的法律服务。这要求政府和社会各界共同努力，加大法律服务资源的投入和整合，提高法律服务的覆盖面和质量。

（三）第三部门理论

1.第三部门理论在基层公共法律服务供给中的优势

第三部门理论为理解和改善基层公共法律服务供给提供了新的视角。这一理论强调，在行政部门与营利部门之外，存在着一个独特的部门——第三部门，其包括了诸多非营利性、自愿性的社会组织。这些组织在公共服务提供方面展现出显著的优势。特别是在基层公共法律服务领域，第三部门的介入不仅能够有效弥补政府服务的不足，而且能以其灵活性和创新性满足公民的多样化需求。相较于私营企业，第三部门在提供公共服务时展现出更低的运营及监督成本。这主要得益于其非营利性质和志愿精神，使得资源能够更直接、更有效地投入到服务中，减少了不必要的开销和浪费。同时，第三部门与公众之间建立起的信任关系也更为牢固，这有助于减少消费者与生产者之间的信息不对称和不信任问题，在法律服务这一需要高度信任的领域尤为重要。与政府部门相比，第三部门在时间、种类和成本等方面也拥有明显优势。政府部门往往受限于烦琐的行政程序和固定的预算分配，而第三部门则能更快速地响应社区需求，提供更为个性化和贴心的服务。此外，第三部门能通过调动社区资源、激发志愿精神等方式，以更低的成本提供高质量的公共法律服务。

2.第三部门理论指导下的基层公共法律服务供给机制构建

在第三部门理论指导下，构建多元化的基层公共法律服务供给机制显得尤为重要。这一机制旨在鼓励志愿者、社会组织等积极参与基层公共法律服务的供给，以弥补政府在此方面的不足，并提高供给能力和质量。志愿者和社会组织的参与，为基层公共法律服务注入了新的活力和创新力量。不仅能够提供更加贴近社区、更具人性化的法律服务，而且能通过自身的专业知识和实践经验，为政府提供专业的咨询和建议，推动基层法律服务的不断完善和发展。在构建这一机制时，应充分考虑第三部门的特点和优势，为其提供良好的制度环境和政策支持。例如，可以通过建立合作平台、提供资金支持、加强培训指导等方式，促进第三部门与政府、企业等各方资源的有效整合和共享。同时，应建立健全的监督评估体系，确保第三部门提供的法律服务符合专业标准和社会需求。

二、基层公共法律服务现状分析

（一）服务机构、人员情况

1.基层司法所机构及人员情况

基层司法所，这一县（区、市）司法局在乡镇（街道）的派出机构，担负着至关重要的职责，是法治建设在基层的坚实支撑，同时是社会和谐与稳定的守护者，这样的法律服务所如同星星点点般分布在各个街道和乡镇，形成了一张覆盖广泛、细致入微的基层法律服务网。更为值得一提的是，这些基层法律服务所中的法律服务工作者，不仅拥有深厚的法律知识储备，更积累了丰富的实践经验。无论是面对复杂的法律咨询，还是处理棘手的纠纷调解，他们都能以专业的态度和技能，为当地居民提供及时、有效的法律服务。这些法律服务工作者的存在，对于提升基层群众的法律意识和维权能力起到了不可或缺的作用。在其努力下，基层群众开始更加积极地了解和运用法律知识，维权意识也显著提高。这不仅有助于构建和谐社区，更为推动整个社会的法治建设奠定了坚实的基础。

2.法律援助机构及人员情况

法律援助制度是国家为了保障经济困难公民和特殊案件当事人能够获得必要的法律服务而设立的一项重要制度。这一制度的实施，不仅体现了国家对公民合法权益的深切关怀，而且是维护社会公平正义的重要举措。根据司法部披露的统计信息，2022年全国法律援助机构共组织办理了137万余件法律援助案件，这是一个令人瞩目的数字，它背后反映了法律援助工作的巨大成效。在这些案件中，值班律师提供了95万余件法律帮助，使得241万余受援人得到了实质性的法律支持。同时，法律援助机构还提供了1980万余次法律咨询，这一服务广泛惠及了社会的弱势群体，切实维护了群众的合法权益。在我国法律援助实施过程中，社会律师力量成为援助案件办理的主力军，以其专业的法律素养和高效的解决方案，为受援人提供了有力的法律支持。其次是法律援助机构的工作人员、群众也发挥了不可或缺的作用。相比之下，基层法律服务工作者和法律援助志愿者的参与度虽然较低，但其贡献同样值得肯定。整体而言，我国法律援助工作呈现出多元化、专业化的特点，为社会的和谐稳定与法治建设提供了坚实的保障。

3.基层法律服务所、基层法律服务工作者情况

基层法律服务所作为普遍设立于乡镇和城市街道的法律服务组织，自20世纪70年代末期在广东、福建、辽宁等地区率先出现以来，就为当地居民提供了便捷的法律咨询与援助。经过数年的实践与探索，1985年2月，该模式在全国范围内正式推广，标志着其在中国法治建设中的重要地位。根据司法部发布的

《2022年度律师、基层法律服务工作统计分析》可以发现，截至2022年底，全国基层法律服务机构已超过1.3万家。其中，乡镇所占比略高，显示出法律服务在乡村地区的深入布局。这些服务机构不仅数量众多，而且覆盖广泛，无论是乡镇还是城市街道，都有它们的身影。如此广泛的布局，确保了基层群众能够便捷地获得法律服务。与此同时，全国基层法律服务工作者也达到5.6万多人。其中，许多人经验丰富、专业素养高，能够针对群众的各种法律问题，如婚姻家庭纠纷、土地承包问题、劳动争议以及邻里矛盾等，提供专业的法律指导和帮助。这些基层法律服务工作者，不仅为群众解决了实际问题，更在普及法律知识、提升基层法律意识方面发挥了不可或缺的作用。在基层法律服务运营模式上，也涌现出不少创新实践。例如，一些地区的基层法律服务所与司法所合署办公，通过资源共享和优势互补，提高了服务效率，降低了成本，进一步便捷了基层群众。

4.律师事务所和律师情况

随着公共法律服务体系的日臻完善，律师在其中所扮演的角色日益显著。政府部门通过与律师事务所及律师建立合作，以购买公共法律服务的方式，使得律师成为这一体系中不可或缺的补充力量，在法律援助、人民调解、信访处理以及担任村居法律顾问等多个领域都发挥着积极作用。根据司法部和中国社会统计年鉴2023等发布的信息，统计发现，截至2022年底，全国共有执业律师65.16万多人，律师事务所3.86万多家。其中，合伙所为律所的主要构成部分，有2.82万多家；剩余有国资所604家；个人所9777家，详见表2-1。但大部分地区的律师资源相对匮乏，这无疑对基层公共法律服务的发展构成了制约。律师资源不足，可能导致部分地区的居民在寻求法律服务时面临困难，进而影响到公共法律服务体系的整体效能。为了推动基层公共法律服务均衡发展，有必要采取措施优化律师资源配置。这包括但不限于鼓励律师到资源相对匮乏的地区执业，通过政策扶持和激励机制吸引更多的律师加入公共法律服务队伍，以及加强律师之间的交流与合作，促进资源共享和优势互补。通过这些努力，可以逐步缩小地区间律师资源的差距，为居民提供更加均等、高效的法律服务。

表2-1　2022年律师事务所分类情况

类型	数量/家	占比
合伙所	2.82万	73.16%
国资所	604	1.56%
个人所	9777	25.28%

（二）经费情况

公共法律服务作为保障公民合法权益的重要组成部分，近年来得到了国家和社会各界的高度重视。法律援助制度的建立，为经济困难公民和符合法定条件的其他当事人提供了无偿的法律咨询、代理、刑事辩护等服务，彰显了国家对法治建设的坚定决心。据司法部公共法律服务管理局负责人介绍，《中华人民共和国法律援助法》自2022年1月1日实施以来，各级司法行政机关和法律援助机构积极贯彻法律规定，致力于为人民群众提供高效优质的法律援助。各地政府已经将法律援助纳入国民经济和社会发展规划，以及基本公共服务体系，从而健全了法律援助的保障体系。此外，法律援助的覆盖面也在不断扩大。在已实现审判阶段律师辩护全覆盖的基础上，审查起诉阶段律师辩护全覆盖的试点工作也正在开展。各地还依法将一些关系人民群众切身利益的事项，如劳动保障、食品药品安全、交通医疗、环境污染等，纳入法律援助范围。北京等地甚至为老年人提供了不限事项范围的法律援助，而山西等十多个省份也放宽了经济困难的认定标准，使得法律援助能够覆盖更多的低收入群体。尽管经费投入在一定程度上缓解了资金压力，但公共法律服务的持续发展仍需多方面的支持。人力资源的开发与培训、服务流程的优化、信息技术的应用等，都是提高公共法律服务效率和质量的重要方面。因此，探索多元化的资金来源和合作模式显得尤为重要，这不仅能确保公共法律服务的可持续性，而且能进一步提升其普惠性，使更多的人能够享受到优质高效的法律服务，从而有效促进社会的和谐稳定。

（三）实体平台建设情况

据《人民日报》报道，司法部在媒体通气会中介绍，截至2022年底，全国共建成村级公共法律服务实体平台54.9万个，依托司法所建立乡镇公共法律服务工作站3.8万个，60多万个村(社区)配备法律顾问，公共法律服务热线、中国法律服务网全面建成、规范运行，这些实体平台如同一张张细密的网，将公共法律服务延伸到基层的每个角落，尤其是在长春市、辽源市等部分市州，还设立了一级公共法律服务中心。这些中心不仅提供法律咨询和援助服务，而且承担着普法宣传、矛盾调解等多重功能。除了市县级别的服务中心，各地司法局、乡镇政府及街道办事处也积极响应，设立了公共法律服务工作室。这些工作室的设立，使得群众在遇到法律问题时，能够更快速地找到专业的法律服务人员，获得及时有效的法律帮助。这种实体平台的广泛布局，不仅提升了公共法律服务的可及性，而且极大地增强了群众对法律服务的信任感和满意度。实体平台的建设并非一蹴而就，而是需要持续的投入和维护。

第二节　现代公共法律服务存在的困境

一、基层公共法律服务存在的主要问题

（一）基层公共法律服务保障机制不健全

1.基层公共法律服务供给人员不足

（1）律师数量不足且主要分布不均。在基层社区和乡村，法律服务的需求日益增长，但现有的法律服务工作者队伍却难以满足这些需求。一方面，某些经济发展相对滞后基层地区对法律服务工作者的吸引力不足，导致愿意在这些地区执业的法律服务工作者数量有限。另一方面，一些偏远地区或人口稀少的乡村，由于受到地理位置和经济条件的限制，更是难以吸引到足够的法律服

务工作者前往执业。这种数量上的不足，直接导致基层法律服务供给的紧张。许多群众在面临法律问题时，难以找到专业的法律服务工作者进行咨询和代理，这无疑增加了其解决问题的难度。同时，法律服务工作者分布的不均衡也进一步加剧了这一问题。在一些法律服务工作者相对集中的地区，群众可以较为容易地获得法律服务；而在法律服务工作者匮乏的地区，群众则可能面临无法及时获得法律帮助的困境。这种现状不仅难以保障基层群众的法律权益，而且在一定程度上制约了法治社会的建设进程。法律服务工作者作为法治建设的重要力量，其数量和分布直接关系到法律服务的质量和普及程度。因此，当前基层公共法律服务工作者数量不足且分布不均的问题，亟待引起社会各界的关注和重视，以期找到有效的解决之道，推动基层法律服务的均衡发展，更好地保障基层群众的合法权益。

（2）公共法律服务机构人员不足且身兼多职。公共法律服务机构在现今社会扮演着至关重要的角色，它们为民众提供法律咨询、援助和调解等服务，是维护社会稳定和谐的基石。而在实际运营过程中，这些机构普遍面临着人员短缺的困境，工作人员往往需要身兼多职，以应对繁重的工作任务。在基层司法所，人员短缺的问题尤为突出。多数基层司法所仅有3~5名工作人员，其中具备行政编制的仅有1~2人，其余多为公益性岗位。这些工作人员不仅要负责法治宣传、人民调解、安置帮教、社区矫正等九项重要职责，而且要应对拆迁征地等复杂项目中产生的各类矛盾纠纷。法治宣传的强化和矛盾纠纷的调处化解，都需要群众投入大量的时间和精力。在人员紧缺的情况下，每个工作人员都不得不承担多项职责，这无疑加大了工作人员的工作压力，也对工作质量提出了一定的挑战。与此同时，各级法律援助中心也面临着类似的困境。虽然这些中心早已建立，但专职工作人员短缺使得工作人员经常处于超负荷运转的状态。在县级法律援助中心，通常仅有2~3名专职工作人员。他们既要处理日常工作事务，又要肩负起办案的重任。面对大量且多样化的法律服务需求，这样的人员配置显然难以满足实际需求。此外，公证员也承受着繁重的工作任务。随着群众对公证服务需求的快速增长，公证员每天需要处理大量的公证业务。以吉林省为例，2022年共办理了38万件公证业务，平均每个工作日每人需处理4.05个公证事项。除了直接的公证业务外，公证员还需要进行大量的核实调查工作，包括前往公安、民政部门以及不动产登记交易中心等部门进行信息查询，甚至需要深入邻里、街道社区进行实地调查。这些繁重的工作任务使得公证员经常需要加班加点，以完成工作。在乡镇层面，人民调解员的角色也至关重要。而目前人民调解员多为基层司法所或信访部门人员兼任，专职人民调解员数量严重不足。这些兼职人民调解员在应对自身工作和矛盾调解任务时往往难以兼顾，导致调解工作的效率和质量受到影响。更为严峻的是，多数调解员年龄偏大、学历不高，对法律知识的了解也存在不足，这使得调解员在面对高难度、专业性强的调解需求时，感到力不从心。

（3）基层法律服务工作者专业性不足。基层法律服务所是提供基层公共法律服务的重要机构，而当前这些机构不仅面临着人员数量的挑战，更存在着法律服务工作者专业性不足的问题。尽管司法部在2017年对《基层法律服务工作者管理办法》进行了修订，提升了从业门槛，但新标准主要是在原有基础上，增加了法律专业本科毕业并通过省级司法机关组织的考试的要求，并未将法律职业资格作为硬性条件。这一现状导致现有的基层法律服务工作者队伍中，多数人仅通过司法厅的业务培训并考取资格证后便开始执业，并未获得国家法律职业资格证书。这种情况可能导致基层法律服务工作者在面对复杂或新型案件时，因缺乏专业的法学思维和深入的法律知识，而主要依赖个人的办案经验进行案件分析。当遇到需要灵活运用法律知识的情境时，可能无法为群众提供有效的法律帮助，这在一定程度上可能会影响群众对基层公共法律服务专业性的信任。为了提升基层法律服务的质量和效率，有必要进一步加强基层法律服务工作者的专业培训和资格认证。通过引入更严格的职业资格要求，可以确保这些基层法律服务工作者具备足够的法律知识和实践技能，从而更好地服务于基层群众。同时，加强业务培训和继续教育也是关键，这可以帮助基层法律服务工作者不断更新法律知识，提升解决实际问题的能力，进而增强群众对基层公共法律服务的信任感和满意度。

2.基层公共法律服务资金保障不足

长期以来，尽管基层公共法律服务在保障公民权益、维护社会稳定方面发挥着重要作用，但由于受到多种因素制约，其资金保障情况并不理想。一方面，基层公共法律服务机构在运营过程中，面临着资金来源单一、资金规模有限的挑战。大部分基层法律服务机构主要依赖于政府财政拨款，而这部分资金往往难以覆盖全部的服务需求。随着社会经济的发展，公众对法律服务的需求日益多元化、精细化，这进一步加大了基层法律服务机构在资金方面的压力。此外，基层法律服务机构需要投入大量的资金用于人员培训、设备更新等方面，以提升服务质量和效率。而由于资金保障不足，这些机构往往难以获得足够的资源支持，从而制约了其服务能力的提升。另一方面，基层公共法律服务资金保障不足还体现在服务覆盖范围和服务质量上。由于资金短缺，一些基层法律服务机构在提供服务时，可能无法充分覆盖所有需要法律帮助的人群，导致部分群体在面临法律问题时无法得到有效帮助。同时，资金不足会影响到服务的专业性和精准性。基层法律服务机构可能缺乏足够的资源来聘请具有丰富经验和专业知识的律师或法律专家，从而影响到服务的质量和效果。此外，在一些经济相对落后的地区，基层法律服务机构可能面临更为严重的资金问题，导致这些地区的法律服务水平相对较低。

3.工作机制与协同机制未完全建立

基层公共法律服务在相关省份的起步较晚，因而多项机制尚待完善。就工作机制而言，目前该服务在项目设置、质量标准等核心环节仍处于持续探索阶段。这意味着基层公共法律服务的运行机制还未完全步入标准化、规范化的轨道。举例来说，在服务标准、服务内容以及建设标准、管理标准等方面仍有待确立与统一。为了充分发挥公共法律服务中心的职能，明确的人员配置标准、业务流程规范以及设施配备要求等都是不可或缺的要素。再来看协同机制，基层公共法律服务本应是党委领导、政府主导、多部门配合、社会广泛参与的一项综合性工作，但在实际操作中，观察到部分党政领导对基层公共法律工作的重视程度和支持力度均未达到预期水平。此外，司法行政部门与其他相关部门的协调配合尚显不足，联动机制也不够顺畅。目前，推动这项服务的主力仍是司法行政部门，而人民法院、民政、财政等关键职能部门的参与程度相对较低。这种局面导致部门间的联动效应和社会协同作用未能充分发挥，缺乏有效的工作支持与配合。为了全面提升基层公共法律服务的效能，就需要在完善工作机制和加强协同机制上下功夫，确保各项服务能够标准化、规范化地提供给广大群众。

（二）考评与监督机制不完善

1.引入第三方评价与完善考核评价机制的重要性

在基层公共法律服务体系中，考核评价机制的完善显得尤为重要。目前，虽然我国已经印发了一系列考核实施办法，但这些办法中主要以司法行政部门作为考核的主体，既是实施者又负责考核评价，这种内部自评的方式可能存在一定的局限性。没有引入第三方评价机制，容易导致考评过程过于形式化，可能无法真实反映基层公共法律服务的实际效果和问题所在。因此，引入独立的第三方评价机制成为迫切需求，它能够提供更客观、公正的评价，帮助发现服务中的不足，并推动服务质量的提升。同时，现有的考核评价机制在科学性和全面性方面有待加强。考核主体、考核范围、考核标准等关键要素仍在探索中，这在一定程度上制约了考核评价的准确性和有效性。特别是对于政府购买的公共法律服务项目，如果监督力度不够，绩效考核缺失，那么投入再多的资源也可能收效甚微。例如，在考核评价村（居）法律顾问的工作时，目前主要关注入村坐班服务次数和时限等表面指标，而对于法律顾问在微信工作群中开展的微普法活动却缺乏有效的考评标准，这无疑降低了约束力和工作积极性。为了全面提升基层公共法律服务的质量，必须尽快引入第三方评价机制，并完善现有的考核评价体系。这不仅包括明确考核的各个维度，如服务态度、专业水平、解决问题的能力等，而且应结合群众反馈和社会评价，形成全方位的考核体系。通过这样的方式，可以更加准确地衡量基层公共法律服务的实际效果，及时发现并改进服务中的不足，从而更好地满足群众的法律需求。

2.将基层公共法律服务纳入党委政府绩效考核的必要性

在基层社会治理体系中，党委和政府的领导与支持对于推动基层公共法律服务的发展至关重要。而目前基层公共法律服务尚未被全面纳入基层党委和政府的绩效考核范围，这在一定程度上制约了服务质量的提升和问题的及时解决。将基层公共法律服务纳入党委和政府的绩效考核，不仅能够提高各级领导和部门对该项工作的重视程度，而且能够确保资源的合理分配和有效利用。当基层公共法律服务成为绩效考核的一部分时，党委和政府将更加关注服务的实际效果和群众满意度，从而及时发现并解决服务中存在的问题。此外，在党委和政府的统一领导下，各相关部门将更加积极地参与和支持基层公共法律服务工作，形成齐抓共管的良好局面。这种跨部门的协同合作，不仅能够提升服务效率，而且能够确保服务的全面性和连贯性。因此，将基层公共法律服务纳入党委和政府的绩效考核范围，是推动服务质量提升、确保群众法律需求得到满足的重要举措。通过这一措施的实施，可以进一步强化党委和政府对基层公共法律服务的领导和支持，为构建更加完善、高效的基层公共法律服务体系奠定坚实的基础。

（三）基层公共法律服务平台建设不完善

1.实体平台建设发展问题

在吉林省范围内，公共法律服务中心和工作站的建设已取得了显著的进步，实现了全面的覆盖。而在这一成就的背后，也必须正视存在的挑战和问题。实体平台的建设在发展过程中显现出明显的不平衡性，这种不平衡不仅体现在地域之间，而且体现在服务质量和资源配置上。公共法律服务中心作为提供"一站式"综合法律服务的核心机构，虽然理念先进，但在实际操作中却面临诸多制约。特别是在法律援助窗口整体入驻行政服务中心后，由于受到体制的限制，仅保留了部分人员和功能，这无疑影响了其作为中心工作的职能发挥。此外，公共法律服务工作室的运行也面临诸多困境。这些工作室的服务工作高度依赖于司法所，而司法所在承担自身日常行政工作的同时，还需应对基层党委和政府安排的其他相关工作。在经费有限和人员不足的情况下，公共法律服务工作室的职能发挥受到了严重的影响。对此，需要从多个角度出发，包括优化资源配置、加强人员培训、提高经费投入等，以全面提升实体平台的建设水平和服务能力。

2.三大平台融合问题

在当前的法律服务体系中，热线平台、网络平台和实体平台各自独立运作，缺乏深度的融合与共享。尤其是热线平台和网络平台，在构建基层公共法律服务体系中显得尤为薄弱。这两个平台尚未能有效地整合线上的公共法律服务资源与线下的律师事务所、法律援助中心等实体机构，导致线上线下服务无法做到真正的融会贯通。目前，用户虽然可以通过线上平台进行咨询和申办业务，也能通过线下机构进行沟通和取证，但这两个过程并未形成紧密的衔接。平台之间的融合共享机制尚未完善，无法为用户提供更为便捷、高效的"一站式"服务。理想的状态应该是三大平台能够相互支撑、相互补充、相互促进，形成一个完善的服务体系，但目前这种合力尚未形成。三大平台体系的不完善、不健全，不仅影响了服务效率，而且降低了用户体验。群众在办理法律服务事项时，仍需要跑多个地方、进行多次沟通，这在一定程度上增加了办事的难度和时间成本。对此，需要加强平台之间的融合与共享，推动线上线下服务的无缝对接。通过技术手段和政策引导，促进三大平台的深度合作，共同构建一个更加高效、便捷的公共法律服务体系，不仅有助于提升办事服务的效率和效果，而且能更好地满足群众的法律需求，实现让群众少跑腿或者不跑腿的目标。

（四）群众知晓率、首选率不高

1.知晓率不高

在全国范围内，普法宣传教育工作已经通过多种渠道和形式得以展开，广泛开展各类法治宣传教育活动。虽然这些宣传教育活动得以广泛开展，但是却未能完全达到预期的效果，群众对于公共法律服务的知晓率仍然偏低。相关问卷调查结果显示，有高达27%的群众表示对公共法律服务一无所知，而只有不到三分之一的群众表示对其有比较深入或非常深入的了解。这一数据反映出，当前的普法宣传工作在提高群众对公共法律服务的认知上，还存在明显的不足。为了普及法律知识，吉林省的一些地区会定期组织宣讲团深入基层，为群众解答法律问题、普及法律知识，并发放宣传手册。这些活动从数量上看确实不少，但在质量和效果上却不尽如人意。一方面，这些活动缺乏统一的规划和组织，往往显得零散而无序；另一方面，宣传方式过于传统和陈旧，没有跟上现代社会的步伐，很难吸引年轻群体的关注。更为严重的是，有些活动甚至流于形式，只是简单地走过场、完成任务，缺乏真正深入和细致工作。此外，目前的法治宣传活动主要集中在宪法、继承法、婚姻法等基础法律知识的普及上，而很少涉及更为专业、具体的法律服务内容。这种"一刀切"的宣传方式忽略了不同地区、不同群体对于法律知识的差异化需求。在活动开始前，缺乏对当地情况的深入了解，没有调查群众最迫切需要的法律知识和群众更喜欢的宣传方式，这大大降低了法治宣传的针对性和实用性。

2.首选率不高

在深入调查中注意到一种现象，当群众在日常生活中遭遇法律方面的纷争或疑难时，群众的求助途径显示出一定的倾向性。多数群众更倾向于寻求专业律师的咨询，这无疑是出于对律师专业知识的信赖。同时，有一部分群众会选择向公共法律服务机构发出求助信号，这些机构在群众眼中是提供法律援助的重要渠道。另外，有少数群众在遇到法律问题时，会倾向于向政府部门咨询或求援，可能是出于对政府权威的认可。此外，有少量群众会选择与亲朋好友商议，寻求亲朋好友的意见和建议，这体现了中国人传统的重视亲情和友情的价值观念。而极少数人会借助媒体的力量，希望通过舆论来解决问题。在建设法治社会进程中，随着法律知识的普及和群众自身权益保护意识的逐渐加强，群众在面对法律问题时，都表现得更为积极和主动。但值得注意的是，尽管公共法律服务机构的覆盖面已经很广，但在群众心目中的认知度仍然有限。当遭遇法律难题时，选择向这些机构求助的人还不到总数的五分之一。这一现象反映出，公共法律服务机构的宣传和服务可能还存在一定的盲区和不足，导致群众在关键时刻无法立刻想到这些机构。这无疑是一个需要关注和改善的问题，因为只有让更多的群众了解并利用这些公共服务资源，才能真正实现资源的优化配置和有效利用，从而更好地服务于社会大众，推进法治社会的全面建设。

二、完善公共法律服务的对策与建议

（一）健全组织保障机制

1.构建社会协同工作机制

目前，基层公共法律服务正在不断完善和拓展，在这一过程中，协同机制的构建十分重要，具体包括系统内部之间和横向部门之间的协同和合作。这就需要加强司法行政系统内部的合作，强化与行业协会和法律服务机构的合作、联动效应。例如，当一个案件通过调解没有达成一致意见，需要进入诉讼程序时，调解员在了解到当事人家庭贫困且案件符合援助条件，可以积极引导当事人申请法律援助。另外，要加强横向部门之间的协同，建立司法行政部门与法院、检察院、信访、宣传、农业农村等部门联动协作机制，充分利用与共青团、工会、妇联、残联等群众团体建立联络对于维护特殊人群合法权益时的工作优势和职能作用，健全部门协作机制，最大限度地提高群众获得基层公共法律服务的便利性。

2.加强人才队伍建设

在加强人才队伍建设过程中，优化基层公共法律服务队伍结构显得尤为重要。为了更有效地服务广大群众，需要从多个方面入手，全面提升法律服务的质量和覆盖面。一方面，应当着力增加基层法律服务工作者、专职人民调解员以及律师的数量。这不仅要通过改善工作环境、提高工资待遇、优化机构编制等措施来吸引更多的专业人才加入，而且要特别关注法律服务资源相对匮乏的地区。针对这些地区，政府应提供政策扶持，加大支援力度，实施挂职锻炼和交流培训项目，促进基层法律服务工作者之间的定期学习交流。这样，不仅可以实现人才的合理流动，而且能够有效提升基层法律服务的整体水平。同时，吸收具备丰富法律知识的专业志愿者加入基层公共法律服务队伍，也是解决基层法律服务资源不足的重要途径。例如，已经退休的政法干警和律师等的加入，将极大地丰富基层法律服务的资源。此外，应科学配置法律服务工作人员，确保各个领域的法律服务需求都能得到满足。另一方面，公职律师队伍的作用也不容忽视。应充分利用这支队伍，引导公职律师定期前往法律服务资源薄弱的地区开展工作，与社会律师形成有效的互补。这样，不仅可以缓解社会律师资源紧张的问题，而且能进一步提升基层法律服务的专业性和覆盖面。除了上述措施外，加强培训也是提升基层公共法律服务队伍素质的关键环节。应定期组织基层法律服务人员参加业务技能、职业道德等方面的培训，以此提高其专业水平，增强其服务意识和工作能力。

同时，组织公共法律服务人员到基层进行值班和实训，以及新人的入职培训和能力验证，都是必不可少的环节。在培训过程中，还应不断改进方法，注重实效，确保每次培训都能达到预期的效果。此外，高校法律专业学生也是一支不可忽视的力量。应鼓励法律专业学生利用寒暑假等空闲时间，积极加入公共法律服务志愿者团队，不仅能让法律专业学生有更多的机会将理论知识与实践相结合，而且能为未来的法律职业生涯打下坚实的基础。借鉴西方国家法律诊所教育模式，由相关主管部门提供政策与资金支持，在高校建立法律实践基地、设立诊所课程等，也是一种值得尝试的创新模式。在学生参与法律服务前，对学生进行系统的法律实务培训，可以确保学生具备足够的专业素养和实践能力。这将有助于组织更多的法学院师生走进基层，为群众提供更为专业、高效的法律服务。

（二）健全经费保障机制

1.加大财政资金支持力度

财政拨款作为基层公共法律服务的重要支撑，其意义不仅在于提供资金支持，更在于确保基层法律服务体系的稳固与高效运转。这一资金来源的稳定性和持续性，直接关系到基层法律服务人员的工作积极性、服务质量和效率。因此，增强财政保障能力，确保人员、资金、资产等各方面的充足配备，是推动基层法律服务向更高水平发展的关键。为了进一步提升财政保障机制的效能，必须健全同级财政保障机制，这意味着要确保各级财政部门对基层法律服务的资金投入与地区经济发展和法律服务需求相匹配。此外，完善人民调解及法律援助的案件补贴制度也是刻不容缓的任务。通过实施动态调整机制，可以根据法律服务市场的变化和群众需求的调整，灵活而及时地调整补贴标准，从而更好地激励法律服务工作者积极投身于基层法律服务工作，为群众提供更加优质、高效的法律服务。

当然，仅仅加大财政资金投入是不够的，还需要建立严格的考核和监督机制，以确保这些资金能够真正用到刀刃上。将基层公共法律服务纳入政府的重点工作，并在党委和政府绩效考核中增加其比重，这样做不仅能够提升各级政府对基层法律服务工作的重视程度，更能促使其在实际工作中更加注重资金使用的效率和效果。通过这种方式，可以确保财政资金得到有效利用，进而推动基层法律服务事业的持续健康发展。在加大财政资金支持力度的同时，还应注重引导社会资本参与基层法律服务事业的建设。通过政策扶持、税收优惠等措施，鼓励和支持更多的社会力量投入到基层法律服务领域中，与政府财政形成合力，共同推动基层法律服务事业的繁荣发展。

2.拓宽基层公共法律服务资金筹集渠道

随着社会经济的快速发展和群众法律意识的不断提高，基层公共法律服务的需求呈现出快速增长的态势。而地方财政收入有限，单纯依靠财政拨款已经难以满足人民群众日益增长的法律服务需求。这就需要积极拓宽资金筹集渠道，寻求新的经费来源，以确保基层法律服务的可持续发展。民政部门在这一过程中扮演着举足轻重的角色。按照规定协同设立公益基金会，并通过公益基金会、慈善捐赠等方式，引导社会资金投入到基层公共法律服务中，这不仅能为法律服务事业提供有力的资金支持，而且能进一步激发社会各界对法律服务事业的关注度和参与度。通过这些渠道筹集的资金，可以为基层法律服务提供必要的补充，确保服务的质量和覆盖面。形成以财政资金支持为主、社会资金投入为补充的模式，是充分拓展多渠道、多元化资金保障机制的有效途径。这种模式的实施，可以最大限度地发挥财政资金和社会资金的优势，共同推动基层公共法律服务事业的蓬勃发展。同时，应积极探索其他可能的资金来源，如企业赞助、个人捐助以及国际合作等，以进一步丰富基层法律服务的资金保障体系。在拓宽资金筹集渠道过程中，还应注重资金使用的透明度和效率。建立完善的资金使用监管机制，确保每笔资金都能用到实处，真正发挥出其应有的效益。

（三）建立和完善考评及监督机制

1.健全群众评价机制

在健全群众评价机制过程中，需要全面考虑并实施一系列措施，以确保能够真实、有效地反映基层公共法律服务的质量和效果。建立健全服务评价机制是核心环节，这一机制应当立足于基层公共法律服务的实际效果，广泛吸纳群众的批评、意见和建议。在评价过程中，应结合多个维度，如意见采纳情况、服务次数以及服务满意度等具体评价指标，对基层公共法律服务人员的业务能力、服务质量和服务态度进行全面而客观的综合评价。这样，不仅能激励法律服务人员不断提升自己的专业素养和服务水平，而且能确保服务更加贴近群众需求。为了实现"随时评价、随单评价"的工作要求，必须拓宽评价和反馈渠道，为群众提供多元化的评价方式。这包括利用网络平台和热线等现代化通信手段，方便群众随时随地进行反馈。同时，在法律服务场所设立意见箱，以及定期举办公共法律服务接待日等活动，也是收集群众意见的有效途径。这些举措能够确保群众的声音被真实、全面地收集和反映。为了更有效地利用群众的评价，还应建立"群众评价意见分析报告"制度。这一制度要求对通过各种渠道收集到的群众意见进行细致的分类和汇总，进而形成具有针对性的评价意见分析报告。这些报告不仅能够揭示出当前法律服务存在的问题和不足，而且能够为改进服务提供有力的数据支持。根据报告的分析结果，可以制定出更加精准的整改措施，从而提升基层公共法律服务的整体效率与质量。

2.引入第三方评估机制

引入第三方评估机制，对于提升基层公共法律服务的质量和效率具有重要意义。这一机制中的"第三方"，指的是具备权威性和专业性的中间机构，它们以客观、中立的身份，对基层法律服务进行公正、全面的评估。这种评估方式不仅有助于发现服务中存在的问题和症结，更能有效地监督和督促服务提供者不断改进，进而满足群众对高质量法律服务的需求。在实施这一机制时，可以对法治宣传、法律援助、人民调解等基层公共法律服务项目的实施效果进行全面的监督和评估。这些项目涉及群众切身利益的方方面面，其执行效果直接关系到基层法律服务的整体质量。通过第三方的专业评估，能够确保这些服务产品的高标准、严要求，从而推动基层法律服务工作人员更加自觉地履行职责，提高工作效率。同时，构建基层公共法律服务的动态监督机制也是至关重要的。这一机制要求对基层法律服务的管理及运行进行连续、规范的监督和评价。通过这种方式，能够及时发现并解决服务过程中出现的各种问题，确保服务流程的顺畅和高效。这不仅能够提升基层法律服务的整体水平，而且能够为未来绩效评价提供重要的参考依据，有助于实现服务的持续优化和改进。评估结果的应用也是引入第三方评估机制的重要环节。这些结果应被视为检验和评价基层公共法律服务工作的成绩和效果的重要参考依据。通过深入分析评估数据，可以更准确地了解服务的实际成效，发现服务中的亮点和不足，将有助于督促和激励基层党委和政府及司法行政部门在立项和资金使用方面更加科学、规范，从而提供更加高效便捷的基层公共法律服务。

3.制定科学的评价指标体系

在构建评价指标体系时，需考虑服务的全程性、效果性、满意度等多个指标。全程性指标可以确保服务从始至终都得到有效的监管，包括服务的响应时间、完成时间等；效果性指标关注服务是否达到预期的法律效果，如纠纷的解决率、法律咨询的满意度等；满意度指标直接从服务接受者处获取反馈，衡量服务接受者对服务的整体感受。为了加强对基层公共法律服务的考评及监督工作，还需建立一系列工作机制，如质量跟踪、检查评估、质量反馈和定期回访等。这些机制共同构成了一个完整的服务质量监控体系，确保服务在任何一个环节都不会出现疏漏。质量跟踪机制能够实时监控服务的进程和效果，检查评估机制定期对服务进行全面的评估，质量反馈机制确保服务接受者的声音能够被听到并得到重视，定期回访机制能够持续了解服务接受者的后续需求和感受。

现代化技术的运用为基层公共法律服务的动态监测和评价提供了强大的支持。通过定性与实证研究相结合，可以得到更为精确和全面的评价指标。同时，利用人工智能及大数据统计等现代化工具，可以实现评价指标的自动采集、统计和反馈，这不仅提高了评价的效率和准确性，而且为服务的持续改进提供了有力的数据支撑。以"一村（社区）一法律顾问"的法律服务工作为例，科学的评估标准和方法显得尤为重要。应该将司法部门内部考核与第三方评估、群众评价有机结合起来，以确保评价的全面性和客观性。这种多维度的评价方式，不仅能够真实反映法律顾问的工作效果，而且能够及时发现并纠正工作中存在的问题。此外，根据考核评价结果对优秀者建立相应的奖励机制，也是激发村（社区）法律顾问工作积极性和主动性的重要手段。通过这种方式，可以确保基层公共法律服务的每一分投入都能得到最大的回报，真正满足人民群众对优质法律服务的需求。

（四）完善基层公共法律服务平台建设

1.完善三大平台建设

完善三大平台建设是提升基层公共法律服务水平、满足人民群众法律需求的重要举措。通过搭建以省、市、县、乡、村五级公共法律服务中心（室）为主体的实体平台，可以进一步明确各级平台的职责和职能，确保法律服务的全面覆盖和高效运作。在这一体系中，"3+X"建设模式发挥着关键作用。其中，"3"代表法律咨询、法律援助和人民调解三项基础服务，"X"代表根据实际需要拓展的职能（如律师公证、司法鉴定等），这种模式使得法律服务更加多元化、综合化，能够满足不同群众的法律需求。在乡镇层面，建立标准的公共法律服务工作站至关重要。这些工作站应充分发挥司法所现有工作人员的作用，承担起化解矛盾纠纷、提供法律咨询、进行法治宣传等职能。通过这样的设置，可以将法律服务延伸到基层，让群众在家门口就能解决法律问题，增强法律服务的可及性和便捷性。村（社区）一级是法律服务体系的基础环节。为了确保每个村（社区）都能得到充分的法律服务，应至少安排一名法律顾问，并培养3~5名"法律明白人"。这些法律顾问和"法律明白人"将成为法律服务的重要力量，他们能够提供基本的法律咨询和援助，帮助群众解决日常生活中的法律问题。除了实体平台建设，还应充分利用现代信息技术，推动法律服务的数字化和智能化。通过网站、微博、微信公众号等新媒体平台，可以推进网上办理法律服务事项，简化服务流程和手续，提高服务效率。例如，升级法律服务网站，引入在线咨询和视频咨询的模式，让律师和公共法律服务机构人员能够在线抢单、实时回答群众的法律问题。这种创新的服务方式，不仅打破了地域和时间的限制，而且让人们足不出户就能完成法律咨询、资料上传等操作。

此外，与大型互联网平台合作也是提升法律服务覆盖面和便捷性的有效途径。例如，可以充分利用支付宝等用户群体庞大的App，打造"公共法律服务站"，实现公共法律服务从"站点"到"掌上"的迁移。人们只需动动手指，就能轻松快捷地获取公共法律服务资源，这对于偏远地区法律资源匮乏的问题具有重要的弥补作用。同时，热线平台也是法律服务体系中的重要组成部分。通过升级改造"12348"热线平台，建立吉林省统一标准、统一规划的一体化呼叫中心系统，可以引入"全科医生"式的解答热线与"专家门诊"相结合的服务模式。组建法律专业团队为群众提供法律服务的咨询及建议，能够减少困难群众寻求法律援助的成本，提高群众的法律意识和维权能力。

2.推进三大平台的融合发展

推进三大平台的融合发展，是实现公共法律服务便民利民惠民目标的关键举措。这就需要依托互联网技术，构建一个功能全面、响应迅速的服务体系。建设省级公共法律服务运行管理中心成为这一体系的核心，该中心通过发展智能公共法律服务技术，将各个业务系统与法律服务机构、热线平台、服务平台进行无缝对接。这样，无论是通过实体平台、热线还是网络平台，群众的服务诉求都能得到及时有效的响应。在融合发展过程中，基层公共法律服务统一管理调度系统扮演着重要的角色。作为整个服务体系的中枢，它与前台的律师服务网、"12348"热线和实体大厅紧密连接，同时与后台的业务系统保持高效沟通。这种设计不仅促进了公共法律服务三大平台的深度融合，而且确保了服务流程的顺畅与高效。为了让更多的群众能够享受到这一便捷的服务，广泛的宣传推广变得尤为重要。通过各种渠道宣传网络平台，拉动流量，从而实现三大平台的优势互补。这种优势互补不仅体现在服务渠道的多样性上，而且体现在服务内容的丰富性和服务效率的高效性上。通过利用三大平台的优势互补，将有助于建立起一个"升级版"的公共法律服务平台。这个平台将实现数据在三大平台间的自由串联、流通和归集，形成一个线上线下协同服务的强大网络。这意味着，无论群众身处何地，都能通过最适合自己的方式获得及时、专业的法律服务。这不仅彰显了"互联网+公共法律服务"的巨大潜力，更是对群众法律服务需求的有力回应。通过这样的服务升级，能够确保每名受援人都能享受到便捷、高效、专业的法律服务。

（五）提升群众知晓率、首选率

1.拓宽基层公共法律服务宣传渠道

在传统的法治宣传基础上，应当结合当地的实际情况，增加一些新颖且群众易于接受的宣传手段。例如，可以组织法治文艺巡演，通过歌曲、舞蹈、小品等艺术形式，将法律知识以寓教于乐的方式传递给群众。此外，还可以制作法治微电影、动画等，利用这些群众喜闻乐见的形式，让法律知识更加生动有趣，从而拉近基层公共法律服务和人民群众之间的距离。在媒体融合的大背景下，还需充分发挥各类媒体的宣传矩阵作用。通过走进广播电视台等主流媒体，大力宣传基层公共法律服务的工作内容、咨询电话以及各项便民措施。这样，不仅能方便群众及时了解和获取公共法律服务，而且能有效提高服务的知晓率和首选率。同时，可以利用媒体平台，总结和推广各地的先进经验，不断强调基层公共法律服务在维护群众合法权益方面的重要性，从而让更多的人民群众了解并信任这项服务。

除了上述宣传方式，法治文化阵地建设也是提升基层公共法律服务知晓率的重要途径。应当对现有法治文化阵地进行升级改造，打造一批具有特色的法治文化景点。例如，"宪法公园"可以成为一个集普法教育、休闲游览于一体的公共场所，让群众在游玩的同时，潜移默化地接受法治教育。而"法治小径"则可以成为一条寓教于乐的步行道，沿途设置法治标语、法治故事等，让群众在行走中感受法治的氛围。此外，"法治地铁专列"也是一种新颖的宣传方式，通过在地铁车厢内布置法治元素，让乘客在短暂的乘车时间内也能接触到法律知识。这些网红法治文化阵地的建设，不仅能够使区域的法治氛围更加浓厚，而且能够让群众在日常生活中随时随地感受到法治的存在。这种潜移默化的影响，将使群众更加自觉地遵守法律，更加积极地寻求法律帮助，从而提升基层公共法律服务的知晓率和首选率。

2.基层公共法律服务精准供给

基层公共法律服务精准供给是实现法律资源有效合理配置、提升服务效率的关键路径，这就需要精确识别不同的服务对象及其需求，它要求公共法律服务者深入各类服务对象中，开展详尽的调查研究，从而准确掌握公共法律服务接受者各自独特的法律服务需求。例如，对于农民工、老年人、残疾人等特殊群体，这些群体法律服务需求可能会与其他群体存在显著差异。在这个过程中，充分利用公共法律服务大数据显得尤为重要。通过对这些数据的深入分析，能够更为清晰地了解到群众当前最迫切需要的公共法律服务内容，以及这些需求的规律和趋势。这可以更准确地找到供给与需求的对接点，确保所提供的法律服务既具有针对性又具有实用性。比如，在法律援助工作中，根据不同人群的特点和需求，采取相应的援助措施。对于农民工等特殊群体，更应给予特别的关注和照顾，如实行优先受理、优先审批、优先指派等政策，并为他们一律开辟绿色通道，以确保其能够及时、有效地获得所需的法律援助。除了精准识别服务对象和需求外，精准管理也是实现基层公共法律服务精准供给的重要一环。这里的管理，主要是指对所提供服务的质量进行全面的把控。这包括对提供法律服务的人员队伍进行严格的管理，确保他们具备专业的法律知识和服务技能；同时，要对服务内容进行精细化管理，以确保每项法律服务都能满足群众的实际需求。为了提高公共法律服务的品质，需要整合现有的服务和管理内容，积极推动律师、法律服务工作者、人民调解员等法律人才资源参与到法律服务公益活动中，让更多的群众受益。同时，通过实现公共法律服务的集中进驻，为群众提供更加便捷、高效的"一站式"法律服务体验。

第三章
公共法律服务高质量发展的
战略定位与核心要素

第一节 公共法律服务高质量发展的战略定位

一、公共法律服务高质量发展的战略背景

（一）社会经济发展对公共法律服务的需求变化

1.社会经济发展推动公共法律服务需求升级

随着社会经济的飞速发展，人们对公共法律服务的需求也在不断升级。在经济活动日益频繁和复杂的背景下，企业和个人面临的法律风险也日益增多，因此对法律服务的需求不再仅仅局限于传统的诉讼和咨询，而是朝着更加专业化和精细化的方向发展。例如，在商业领域，随着市场竞争的加剧，企业对知识产权保护、合同管理、反垄断等方面的法律服务需求显著增加。这些专业领域要求法律服务提供者不仅具备扎实的法律基础，而且需要对行业动态和市场环境有深入的了解。同时，社会经济的多元化也带来了法律服务需求的多样化。不同行业、不同地区、不同社会群体的法律服务需求呈现出显著的差异。比如，在城乡接合部和农村地区，土地纠纷、劳动争议等法律服务需求较为突出；而在城市，金融证券、房地产交易等高端法律服务则更受欢迎。这种多样化的需求要求公共法律服务体系能够更加灵活和全面地满足各类群体的需要。

2.公共法律服务需求与社会经济结构的相互适应

随着时代的进步和科技的革新，社会经济结构发生了深刻变革，这对公共法律服务提出了更高要求，同时为法律服务带来了新的发展机遇。随着产业结构的升级和转型，新兴行业如雨后春笋般涌现，为经济社会发展注入了新的活力。这些新兴行业不仅带来了经济增长的新动力，而且对法律服务产生了深远影响。在互联网、人工智能、生物科技等领域，法律服务需求呈现出全新的特点。以互联网领域为例，数据保护、隐私权益、网络安全等法律问题日益凸显，成为公共法律服务的重要关注点。这就要求公共法律服务能够紧跟时代步伐，不断提升专业素养，为新兴行业提供针对性的法律服务解决方案。城市化进程的加速也是社会经济结构变化的一个重要方面。随着城市化水平的提高，人口流动和社会结构发生了显著变化。城市居民的法律意识普遍增强，对于个人权益的保护、消费者权益的维护等方面的法律服务需求日益增加。同时，城市化进程中的土地征收、房屋拆迁等问题也引发了大量的法律纠纷，需要公共法律服务提供及时有效的支持。此外，老龄化社会的到来也为公共法律服务带来了新的挑战和机遇。老年人在财产继承、赡养抚养、医疗保障等方面的法律服务需求逐渐增多，这要求公共法律服务能够关注老年人的特殊需求，提供贴心、专业的法律服务。同时，老年人在法律服务过程中的心理需求和沟通方式需要得到特别的关注和照顾。社会经济结构的变化还带来了就业形态和劳动关系的多样化。灵活就业、共享经济等新兴就业形态的出现，使得劳动争议和劳动合同纠纷等法律服务需求变得更加复杂多样。公共法律服务需要适应这种变化，提供更加灵活、高效的法律服务方式，以满足不同群体的需求。

（二）创新驱动，科技引领的发展战略

1.创新驱动在公共法律服务中的应用与实践

随着社会的不断进步，传统的法律服务模式已经难以满足日益复杂多变的法律需求。因此，通过创新来优化和提升公共法律服务显得尤为重要。这种创新不仅体现在服务理念和模式的更新上，更深入到技术应用和服务手段的创新。以"互联网+公共法律服务"为例，这一创新模式极大地拓宽了法律服务的渠道和覆盖面。借助互联网平台，法律服务能够打破地域限制，实现远程咨

询、在线办理等便捷功能。这不仅提高了法律服务的可及性，而且降低了群众的办事成本。同时，通过大数据分析，可以更加精准地把握群众的法律需求，为政策制定和服务优化提供有力支持。随着群众法律意识的提高，群众对于法律服务的需求也日益多样化，使得开发更多元化、个性化的法律服务产品成为创新的重要方向。例如，针对小微企业，可以提供定制化的法律顾问服务，帮助它们解决合同审查、知识产权保护等法律问题；对于普通群众，可以通过普法讲座、法律咨询热线等形式，提高群众的法律意识，帮助群众解决日常生活中的法律问题。此外，在传统的法律服务体系中，群众往往面临着找律师难、咨询费用高等问题。而通过创新服务模式，如建立法律服务志愿者队伍、开展法律援助活动等，可以有效地缓解这些问题，让更多的人享受到优质、高效的法律服务。

2.科技引领在公共法律服务中的价值与影响

随着科技的持续进步，尤其是信息技术、大数据处理、人工智能等领域的日新月异，公共法律服务正经历着一场深刻的变革。这些前沿科技不仅为法律服务行业注入了新的活力，更在智能化、精准化和普及化方面发挥了举足轻重的作用。在智能化方面，科技的引领效应显而易见。借助先进的人工智能技术，公共法律服务得以实现自动化与智能化，从而大大提高了服务效率和准确性。特别是智能法律咨询系统的出现，它通过自然语言处理技术，能够准确理解并迅速回答用户提出的法律问题，为用户提供个性化的法律建议。这种智能化的服务模式不仅节省了用户的时间成本，而且提升了法律服务的专业性和便捷性。在精准化方面，大数据技术的应用为公共法律服务带来了新的突破。传统的法律服务往往难以全面、深入地了解群众的真实需求，而大数据技术则能通过分析和挖掘海量的法律数据，揭示出群众法律需求的深层次特征。这不仅有助于政府部门制定更加贴合实际、科学合理的法律服务政策，而且为法律服务机构提供了优化服务流程、提升服务质量的可靠依据。在普及化方面，互联网和移动技术的普及，使得法律服务能够触及更广泛的地区和人群。特别是在偏远地区和针对弱势群体，科技的力量让法律服务得以均等化，打破了地域和经济的限制。这种普及化的趋势，不仅提升了法律服务的可及性，而且让更多人能够享受到高质量的法律资源，从而进一步促进了社会的公平正义。

二、公共法律服务高质量发展的核心理念

（一）以人民为中心的服务理念

1.服务普及与公平正义的践行

公共法律服务作为社会治理体系的重要组成部分，其根本目的在于满足人民群众日益增长的法律需求，确保每个公民都能享受到公平、公正的法律服务。服务普及是实现以人民为中心理念的基础。法律服务不应是少数人的特权，而应成为全体公民的共同福祉。这就要求公共法律服务必须实现广覆盖、深渗透，让法律知识的普及成为社会治理的常态。通过加强法律服务基础设施（如法律援助中心、公共法律服务中心等）建设，将法律服务延伸到基层，让人民群众在家门口就能享受到便捷的法律服务。同时，应注重利用现代信息技术手段，如互联网、移动App等，打破地域限制，实现法律服务的在线化、智能化，让法律服务更加高效、便捷。法律服务不仅要解决群众的具体法律问题，更要维护社会的公平正义。这就要求公共法律服务必须坚持依法办事、公正司法，确保每个案件都能得到公正处理，每个当事人的合法权益都能得到有效维护。同时，应加强对弱势群体的法律保护，为群众提供更加精准、有效的法律援助，让群众也能感受到法治的温暖。在践行服务普及与公平正义过程中，公共法律服务还需不断创新服务模式、提升服务质量。既可以通过开展形式多样的法律宣传活动，提高群众的法律意识和法律素养；也可以通过建立多元化的纠纷解决机制，为群众提供更加灵活、便捷的法律救济途径；还可以通过加强法律服务人员的培训和考核，提升群众的专业素养和服务水平，确保公共法律服务能够真正落到实处、见到实效。

2.个性化需求满足与持续改进

在以人民为中心的公共法律服务理念下，满足个性化需求与持续改进是推动服务高质量发展的关键所在。公共法律服务不仅仅是提供标准化的法律解答和程序性服务，更要关注每个公民的独特需求和实际情况，实现服务的个性化和精细化。个性化需求的满足要求公共法律服务具备高度的针对性和灵活性。不同群体、不同情境下的法律问题千差万别，因此需要公共法律服务能够精准

识别每个公民的具体需求，并提供量身定制的解决方案。这需要深入了解群众的法律需求，通过问卷调查、数据分析等方式，掌握不同群体的法律关切和痛点问题，从而制定更具针对性的服务策略。同时，应加强法律服务的个性化定制能力，为每个公民提供符合其实际情况的法律建议和服务。持续改进是公共法律服务永葆活力的源泉。法律服务的需求是动态变化的，社会发展和法律环境的变化也会不断带来新的挑战。因此，公共法律服务必须保持敏锐的洞察力和创新精神，不断优化服务流程、提升服务质量。这需要建立健全服务质量评估和反馈机制，定期对法律服务的效果进行评估和总结，及时发现并改进服务中存在的问题和不足。同时，应加强与其他领域的合作与交流，借鉴先进经验和做法，推动公共法律服务在理念、模式和技术上的不断创新。在满足个性化需求和持续改进过程中，还应注重培养公民的法律素养和法治意识。通过加强法治宣传教育，提高公民对法律的认知和尊重程度，让群众更加主动地参与到法律服务的过程中。还应加强对法律服务人员的培训和教育，增强他们的专业素养和服务意识，确保他们能够更好地满足人民群众的法律需求。

（二）专业化、标准化的服务方向

1.专业能力的提升与深化

专业化的法律服务意味着服务人员具备深厚的法律知识和丰富的实践经验，能够针对复杂多变的法律问题提供精准有效的解决方案。提升专业能力是专业化的基石。法律领域涉及的知识体系庞大且不断更新，因此，公共法律服务人员必须持续学习，不断充实自己的专业知识库。通过参加专业培训、研讨交流、案例分析等方式，不断提升自己的法律素养和业务能力。同时，应注重实践经验的积累，通过处理大量的实际案件，培养解决实际问题的能力，提高服务水平和效率。随着社会的快速发展和法治建设的深入推进，公共法律服务面临的问题日益复杂多样。为了更好地满足人民群众的法律需求，必须推动公共法律服务朝着更加专业化的方向发展。通过细化服务领域、建立专业团队、开展专项研究等方式，实现法律服务在某一领域或某一方面的深度挖掘和精准发力。法律服务人员不仅要能够解决当前存在的问题，而且应具备预测未来趋势和应对新情况的能力。这需要关注社会发展动态和法律政策变化，及时调整服务策略和方向，确保公共法律服务始终走在时代前列。

2.服务流程的标准化与规范化

在公共法律服务体系中，标准化是实现服务质量和效率提升的重要途径。标准化的法律服务意味着服务流程明确、操作规范、质量可控，能够确保每个公民都能享受到统一、规范的法律服务。公共法律服务涉及多个环节和步骤，需要一套清晰、明确的服务流程来指导服务人员的操作。通过制定详细的服务流程图和操作指南，明确每个环节的职责和要求，确保服务过程的有序进行。同时，应建立监督机制，对服务流程的执行情况进行定期检查和评估，确保流程的规范性和有效性。服务规范的制定和执行是标准化的重要保障。服务规范是对服务人员行为和服务质量的明确要求，是确保服务标准化的关键。通过制定详细的服务规范，明确服务人员的服务态度、沟通技巧、保密义务等方面的要求，确保他们在提供服务时能够遵循统一的标准。同时，应加强对服务规范执行情况的监督和检查，对不符合规范的行为进行及时纠正和处理。标准化的服务流程和规范可以应用于不同的地区和领域，实现公共法律服务的广泛覆盖和高效运行。同时，标准化为服务的持续改进和创新提供了基础，通过不断优化服务流程和规范，可以推动公共法律服务质量的不断提升。

三、公共法律服务高质量发展的实施路径

（一）提升法律服务从业者的专业素质与服务能力

1.法律服务从业者专业素质的提升路径

提升法律服务从业者的专业素质，不仅关乎法律服务的精准性和高效性，更直接影响到公众对法治的信任度和满意度。深化法律知识的学习是提升专业素质的基础。法律服务从业者必须持续更新法律知识库，紧跟法律发展的步伐，确保自身业务能力与法律变革同步。这不仅包括对新出台法律法规的及时学习，而且包括对既有法律条文的深入理解和灵活运用。通过系统的法律学习，法律服务从业者能够更准确地把握法律精神，更精准地运用法律手段，为公众提供更优质的法律服务。实践经验的积累也是提升专业素质的重要途径。

法律服务并非纸上谈兵，它需要从业者在实践中不断摸索和总结经验。通过参与各种法律案件的处理，法律服务队伍能够锻炼自己的实践能力，提升应对复杂法律问题的能力。同时，实践中的案例为法律服务队伍提供了宝贵的学习资源，帮助他们从实际案例中汲取智慧，不断完善自己的专业素养。此外，法律服务从业者作为法律的执行者和守护者，必须具备高度的职业道德素养。通过加强职业道德教育，可以引导法律服务从业者树立正确的价值观，坚守法律底线，维护法律的尊严和权威。同时，职业道德教育能够提升法律服务从业者的社会责任感，使其更加积极地投身于法治建设事业中。

2.法律服务队伍服务能力的强化策略

在快速发展的社会背景下，法律服务需求日益多样化、复杂化，这就要求法律服务从业者必须不断提升自身的服务能力，以满足人民群众日益增长的法律需求。优化服务流程是提高服务效率的关键。法律服务从业者应当不断优化服务流程，简化办事程序，减少不必要的环节和等待时间，提高服务效率。通过建立健全的服务制度和流程规范，确保法律服务工作的有序进行，为人民群众提供更加便捷、高效的法律服务。而利用现代信息技术手段，可以推动法律服务工作的数字化转型和智能化升级。通过建设法律服务网络平台、推广在线法律咨询等方式，法律服务从业者可以打破时间和空间的限制，为人民群众提供更加灵活、个性化的法律服务。此外，法律服务往往需要多领域的专业知识和团队协作来完成。因此，法律服务从业者应当注重团队协作与沟通能力的培养，建立良好的合作关系和沟通机制，共同应对复杂的法律问题。通过团队协作和沟通，法律服务从业者可以充分发挥各自的专业优势，形成合力，提高服务质量。

（二）优化公共法律服务流程

1.简化服务流程，提升公共法律服务效率

烦琐的流程不仅会让法律服务变得低效，而且可能给急需法律援助的群众带来额外的困扰和压力。这就需要对当前的服务流程进行细致入微的审视与合理的调整，成为提升服务效率、增强群众满意度的关键所在。为了达到这

一目标，必须对现有的每个服务环节进行深入的分析，明确其存在的必要性和合理性。对于那些已经过时、重复或者低效的环节，应当果断地进行剔除或整合，确保整个服务流程的精简和高效。现代信息技术的迅猛发展提供了有力的支持。电子化办公和在线服务平台等先进工具，可以大幅度地提升信息传递和处理的效率，从而缩短整个服务周期。例如，通过电子化的方式收集和传递资料，不仅可以减少纸质材料的消耗，而且能够避免因物理传递所产生的时间延误。而在线服务平台则可以让群众随时随地提交申请、查询进度，大大提升了服务的便捷性。

除此之外，对服务流程中的各个环节设定明确的时限也是至关重要的。这不仅可以确保服务的高效性，而且能让群众对服务的进度有一个明确的预期，从而减少因等待而产生的不确定感和焦虑。为了确保这些时限得到严格的执行，还需要建立一套完善的监督和考核机制，对各个环节的服务质量进行定期的评估和反馈。

通过这些综合性的措施，可以大幅度地简化公共法律服务的流程，从而降低群众的办理成本、减少等待时间。这不仅会显著提升群众对公共法律服务的满意度，而且能让法律服务人员从烦琐的流程中解脱出来，将更多的精力和时间投入到为群众提供专业、高效的法律服务中。这样的改进，无疑将为构建更加和谐、公正的社会环境奠定坚实的基础。

2.标准化与个性化相结合，完善公共法律服务流程

标准化意味着建立一套统一、规范的服务流程，确保每个公民在寻求法律服务时，都能得到一致、高质量的服务体验。这包括明确的服务步骤、规范的服务用语、统一的服务标准等，以提高服务的透明度和可预测性。而法律服务的需求因人而异，因此，在标准化的基础上，还需要根据每个公民的实际情况提供个性化的服务。这要求法律服务人员具备高度的专业素养和敏锐的观察力，能够准确识别每个公民的具体需求，并提供针对性的解决方案。例如，对于涉及复杂法律问题的案件，可以安排专家团队进行深入分析，制定个性化的服务方案；对于简单明了的法律问题，可以通过快速响应和简洁明了的解答来满足群众需求。对此，需要建立一套灵活而高效的服务机制。这包括完善的信息收集与分析系统，以便准确了解群众的需求和期望；灵活的服务团队配置，

以便根据案件复杂程度和群众需求调整人员配备；以及持续的服务质量监控与改进机制，以确保服务流程不断优化和提升。

（三）强化信息化技术在公共法律服务中的应用

1.信息化技术在公共法律服务中的深度应用与优势展现

在信息化浪潮席卷全球的今天，信息化技术正日益成为公共法律服务领域不可或缺的重要支撑。深度应用信息化技术，不仅能够极大地提升公共法律服务的效率和质量，而且能有效拓宽服务渠道，使更多人享受到便捷、高效的法律服务。信息化技术在公共法律服务中的应用，显著提升了服务效率。传统的法律服务模式往往依赖于人工处理，流程烦琐、耗时较长。而借助信息化技术，如电子文档处理、在线法律咨询系统等，可以实现信息的快速传递和处理，大幅缩短服务周期。同时，信息化技术能帮助法律服务人员更加便捷地查询法律法规、案例资料等，提高工作效率，使法律服务更加及时、准确。传统的法律服务往往局限于面对面的咨询和代理，而信息化技术的应用则打破了这一限制。通过建设法律服务网络平台、移动应用等，法律服务可以延伸到更广泛的领域和地区，为更多人提供便捷的法律服务。无论是城市居民还是偏远地区的居民，只要有网络覆盖，就能随时随地获取法律信息和咨询，享受到公平、普惠的法律服务。此外，每个人的法律需求都是独特的，传统的法律服务模式往往难以满足个性化的需求。而信息化技术可以根据用户的个人情况和需求，提供定制化的法律服务和建议。通过数据分析、人工智能等技术手段，可以更加精准地把握用户的需求和痛点，提供更加贴心、专业的法律服务。

2.信息化技术推动公共法律服务创新与发展的路径探索

信息化技术不仅是提升公共法律服务效率和质量的重要工具，更是推动公共法律服务创新与发展的关键力量。探索信息化技术在公共法律服务中的创新应用路径，对于提升服务水平、满足公众多样化需求具有重要意义。一方面，可以通过建设智能化法律服务系统来推动创新。借助人工智能、大数据等技术手段，可以构建具备自主学习和智能分析能力的法律服务系统。这样的系统能够根据用户的法律需求，自动匹配相关法律法规、案例资料等，为用户提供个性化的法律建议和解决方案。同时，系统能通过数据分析，发现法律服务中的热点问题和趋势，为政策制定和决策提供有力支持。另一方面，可以通过加强跨领域合作与资源整合来推动创新。信息化技术的应用不仅局限于法律服务领域内部，而且可以与其他领域进行深度融合和合作。例如，可以与电商平台合作，为用户提供在线购物过程中的法律咨询和维权服务；可以与教育机构合作，开展法律知识和技能的在线教育等。通过跨领域合作与资源整合，可以打破传统法律服务模式的局限，创造出更多新颖、实用的法律服务产品和服务模式。此外，可以通过鼓励创新实践和培养创新人才来推动信息化技术在公共法律服务中的应用。鼓励法律服务机构和人员积极尝试新的技术应用和服务模式，不断探索和实践信息化技术在法律服务中的创新应用。同时，加强对信息化技术人才的培养和引进，培养一批既懂法律又懂技术的复合型人才，为公共法律服务的创新发展提供有力的人才保障。

（四）深化公共法律服务的社会参与合作

1.拓宽社会参与渠道，共建公共法律服务新模式

公共法律服务作为社会治理的重要组成部分，其服务质量和效率的提升离不开社会各界的广泛参与和共同努力。通过搭建多元化的参与平台，如社区法律咨询点、在线法律服务平台等，可以有效吸引和汇聚各方力量，共同为群众提供便捷、高效的法律服务。在此基础上，应积极推动公共法律服务与社区自治、行业自律等社会力量的有机结合。社区作为基层社会治理的基础单元，具有贴近群众、了解群众需求的天然优势。通过加强与社区的合作，可以更好地把握群众的法律需求，提供更具针对性的法律服务。同时，行业自律组织（如律师协会、公证员协会等）应在公共法律服务中发挥积极作用，通过制定行业标准、提供专业培训等方式，提升法律服务人员的专业素养和服务水平。此外，应充分利用社会资源，鼓励和引导企业、社会组织等参与公共法律服务。企业和社会组织拥有丰富的资源和经验，可以为公共法律服务提供有力的支持和补充。例如，企业可以提供资金支持或法律援助，社会组织则可以发挥其在特定领域的专业优势，为群众提供更加专业的法律咨询服务。

2.加强跨界合作，推动公共法律服务创新发展

随着社会的不断进步和科技的发展，公共法律服务面临着前所未有的机遇和挑战。为了适应新形势下的法律服务需求，必须打破传统行业界限，积极探索与其他领域的跨界合作。科技领域是公共法律服务跨界合作的重要方向之一。借助大数据、人工智能等先进技术，可以实现对法律服务需求的精准分析和预测，提高法律服务的智能化和个性化程度。同时，通过与科技公司合作，开发便捷、高效的在线法律服务平台，可以让群众随时随地获取法律帮助，降低法律服务的获取门槛。而教育领域也是公共法律服务跨界合作的重要领域。通过与高校、研究机构等教育机构的合作，可以加强法律服务人员的专业培训和学术交流，提升整个行业的专业素养和服务水平。同时，教育机构可以为公共法律服务提供理论支持和智力保障，推动法律服务行业的创新发展。此外，可以探索与媒体、文化等领域的跨界合作。通过与媒体的合作，可以加强法律知识的普及和传播，提高群众的法律意识和素养。通过与文化领域的合作，可以丰富法律服务的形式和内容，提升法律服务的文化品位和社会影响力。

第二节　公共法律服务高质量发展的核心要素

一、公共法律服务高质量发展的基本要素

（一）专业人才队伍建设

1.公共法律服务专业人才的培养与引进机制

在公共法律服务领域，专业人才队伍的建设显得尤为重要。为了不断提升现有人才的专业素养和实务能力，系统性的培训计划成为不可或缺的环节。这一计划应囊括多方面内容，如定期组织业务培训，让法律服务人员能够深入理解和掌握最新的法律知识，从而更准确地为人民群众提供法律帮助。案例研讨是一个实战模拟的过程，通过剖析真实案例，法律服务人员可以锻炼自己分析问题和解决问题的能力，以便在实际工作中更加游刃有余。当然，仅仅依靠现

有人才的提升是远远不够的。为了吸引更多优秀人才加入公共法律服务行业，还需要建立完善的引进机制。这一机制应与高等院校、法律研究机构等保持紧密的合作关系，因为这些机构是培养和输送法律专业人才的重要基地。通过校园招聘，可以直接从源头选拔具备潜力的法律新星；而社会招聘则可以广泛吸纳已经具备一定法律专业知识和实践经验的优秀人才。在引进人才过程中，提供具有竞争力的薪酬待遇和良好的职业发展前景是关键。这不仅可以增强公共法律服务行业的吸引力，而且能够让优秀人才看到在这里有更大的发展空间和机会。此外，选拔人才时，应全面考虑候选人的各方面条件，包括专业背景、技能特长以及个人潜力等，以避免人才结构的单一化，确保团队的多样性和互补性。对于新引进的人才，应给予充分的关注和支持。通过实践锻炼，可以让其更快地适应工作环境，了解行业特点；而导师制度则可以为其提供一个学习和成长的平台，使之在资深法律服务人员的指导下，能够更快地提升自己的业务能力，从而确保服务质量的持续提升。

2.公共法律服务专业人才评价与激励机制

一个科学合理的评价体系，能够客观公正地反映法律服务人员的工作绩效和专业能力，进而为群众的职业发展提供指导。因此，应建立多维度、量化的评价指标，包括案件处理质量、客户满意度、业务创新能力等方面，确保评价结果全面且准确。在激励机制方面，应充分考虑法律服务人员的职业特点和个人需求。除了基本的薪酬待遇外，还可以通过设立奖励基金、提供晋升机会、举办专业技能竞赛等方式，激发法律服务人员的工作热情和创新能力。同时，要注重精神激励，如颁发荣誉称号、组织经验交流会等，让法律服务人员感受到职业成就感和社会认同感。此外，评价与激励机制应与人才培养和引进机制相衔接。通过评价结果，可以及时发现人才队伍的短板和不足，从而有针对性地开展培训和引进工作。同时，激励机制可以作为吸引和留住人才的重要手段，为公共法律服务行业的可持续发展提供有力支持。

（二）服务内容与形式创新

1.服务项目拓展与优化

服务项目的拓展，意味着公共法律服务需要不断拓宽服务领域，增加服务种类，以满足不同群体的法律需求。传统的公共法律服务主要集中在法律咨询、法律援助、法治宣传等方面，但随着社会的发展和法治建设的深入，群众对法律服务的需求日益多样化。因此，需要积极探索新的服务项目，如开展法律风险评估、提供法律培训、参与矛盾纠纷调解等，以更好地满足人民群众的法律需求。在拓展服务项目的同时，需要注重服务项目的优化。优化意味着对现有服务项目进行深化和完善，提升服务质量和效率。具体而言，应加强服务的针对性和实效性，确保服务项目能够真正解决人民群众的实际问题。还要提升服务的专业性和精准性，通过引入专业团队、加强业务培训等方式，提高服务人员的专业素养和服务能力，并且要注重服务的便捷性和可及性，通过线上线下相结合的方式，为人民群众提供更加便捷、高效的服务。服务项目的拓展与优化，不仅能够满足人民群众日益增长的法律需求，而且能够推动公共法律服务体系的不断完善和发展。通过不断拓展和优化服务项目，可以为人民群众提供更加全面、精准、高效的法律服务，提升人民群众对公共法律服务的满意度和获得感。同时，这将促进公共法律服务与其他社会服务的融合发展，形成多元化、一体化的服务格局，推动社会治理体系和治理能力现代化。

2.服务模式创新与升级

随着信息化、智能化技术的快速发展，传统的服务模式已难以满足现代社会的需求，这就需要积极探索新的服务模式，实现服务模式的创新与升级成为公共法律服务发展的必然趋势。传统的服务模式往往采用面对面的咨询、援助方式，但这种方式受到时间和空间的限制，难以覆盖所有群体。因此，可以借助互联网、大数据等技术手段，构建线上线下的多元化服务模式。通过线上平台提供法律咨询、法律援助等服务，实现服务的随时随地、便捷高效；同时，结合线下实体服务窗口，为有特殊需求的群体提供个性化的服务体验。而智能化技术的应用可以极大地提升公共法律服务的效率和精准度。例如，通过人工智能、机器学习等技术对大量法律案例进行分析和挖掘，为群众提供更加精准的法律建议和解决方案；通过智能语音识别、自动翻译等技术，打破语言沟通的障碍，为不同语言背景的群众提供无障碍的法律服务。此外，精细化服务是服务模式升级的重要方向。通过对服务对象的精准识别和需求分析，提供定制化、个性化的服务方案，满足不同群体的差异化需求。服务模式的创新与升级，不仅有助于扩大公共法律服务的覆盖面、提升其便捷性，而且能够增强服务的针对性和实效性。通过多元化的服务方式、智能化的技术手段和精细化的服务策略，可以为人民群众提供更加高效、精准、个性化的法律服务体验，推动公共法律服务事业的持续发展。

（三）信息化建设与智能化发展

1.信息平台建设与数据管理

在公共法律服务领域，信息平台建设与数据管理是推动信息化建设的重要基石。信息平台建设不仅意味着技术的革新，更代表着服务模式的升级。一个完善的信息平台能够整合法律服务资源，提供便捷的在线咨询、案件查询、法律法规检索等功能，从而极大地提高了法律服务的可及性和便利性。通过构建统一的信息平台，可以打破地域和时间的限制，使得群众能够随时随地获取所需的法律信息和服务。随着法律服务活动的增多，海量的数据被生成和积累，如何有效地管理这些数据成为一种挑战。通过建立科学的数据管理体系，可以确保数据的准确性、完整性和安全性。同时，对数据的深入挖掘和分析能为政策制定、服务优化提供有力支持。例如，通过对用户行为数据的分析，可以了解群众的法律需求偏好，进而优化服务内容和方式。信息平台建设与数据管理的紧密结合，不仅提升了公共法律服务的效率和质量，而且为服务的创新和发展提供了数据支撑。随着技术的不断进步和法律服务需求的日益增长，加强信息平台建设和数据管理将成为提升公共法律服务信息化水平的关键所在。

2.智能化技术应用与推广

借助人工智能、大数据等先进技术，公共法律服务得以实现更加精准、高效的服务模式。智能化技术（如自然语言处理、机器学习等）使得法律服务机器人或智能助手能够理解和回应群众的法律咨询，提供即时的法律建议和信息。这不仅缓解了法律服务人员的工作压力，而且大大缩短了群众获取法律帮助的等待时间。同时，智能化技术在法律文书的自动生成、案件智能分析等方面发挥着重要作用。通过智能化的法律文书生成系统，可以快速准确地生成各类法律文书，提高了工作效率和文书质量。而案件智能分析系统则能帮助法律服务人员更好地把握案件的关键点，为群众提供更加专业的法律服务。利用虚拟现实、增强现实等技术，可以创建生动的法律教育场景，提高普法教育的趣味性和实效性。此外，通过智能手机应用、微信公众号等渠道，智能化法律服务可以覆盖更广泛的人群，让法律服务更加贴近群众生活。

二、公共法律服务高质量发展的保障机制

（一）加大资金投入与物质保障

1.强化资金投入，夯实服务基础

加大资金投入，意味着要优化公共法律服务的经费分配机制。资金分配应充分考虑不同地区、不同服务项目的实际需求，实现资源的均衡配置。对于法律服务需求量大、经济条件相对落后的地区，应给予更多的资金倾斜，确保这些地区的群众能够享受到基本的法律服务。同时，对于创新性强、社会效益显著的法律服务项目，应给予适当的资金支持，以鼓励更多的创新和探索。此外，除了政府财政拨款外，应积极引入社会资本，鼓励企业、社会组织和个人参与到公共法律服务的投入中。通过设立公益基金、接受社会捐赠等方式，拓宽资金来源渠道，为公共法律服务提供更为稳定的资金保障。在加大资金投入的同时，应注重资金使用的透明度和效率。建立健全资金使用监督机制，确保每笔资金都能用到实处、发挥最大效益。同时，加强对资金使用情况的审计和评估，及时发现问题并进行整改，确保资金的合理使用和高效运转。通过强化资金投入，可以为公共法律服务提供坚实的物质基础，推动服务质量的不断提升。

2.完善物质保障，提升服务效能

物质保障是公共法律服务顺利开展的基础条件，直接关系到服务的质量和效果。完善物质保障，意味着要提升法律服务设施的建设水平。这包括建设标准化的法律服务中心、法律援助工作站等实体平台，以及完善相关的信息化、智能化设施。通过提供舒适、便捷的服务环境，以及高效、精准的服务工具，可以有效提升群众对公共法律服务的满意度和信任度。此外，法律服务人员是

公共法律服务的直接提供者，他们的专业素质和服务态度直接影响着服务的效果。因此，需要加大对法律服务人员的培训力度，提升他们的专业素养和服务能力。同时，要根据服务需求的变化，适时调整法律服务人员的配备数量和结构，确保服务团队的专业化和高效化。在完善物质保障过程中，应注重资源的共享和优化配置。通过建立健全资源共享机制，实现不同地区、不同部门之间的法律服务设施、人员等资源的互通有无和优势互补。这不仅可以提高资源的利用效率，而且可以促进公共法律服务体系的整体优化和发展。

（二）完善监督评估与激励机制

1.公共法律服务监督评估机制的完善

在公共法律服务体系中，监督评估不仅是对服务提供者工作质量的检查，更是对整体服务流程的优化与指导。通过建立健全的监督评估机制，可以系统地收集、分析和利用反馈信息，从而及时发现服务中存在的问题和不足，有针对性地进行改进。这一机制的完善需要多方面的配合与努力。一方面，要设立专门的监督评估机构或委派专业人员，负责定期对公共法律服务进行全面的评估。评估内容应涵盖服务的及时性、准确性、有效性以及服务态度的友好性等多个维度，确保评估结果的全面性和客观性。另一方面，要充分利用信息化手段，建立数字化的监督评估系统，实时跟踪服务进程，记录服务数据，为后续的评估提供翔实可靠的依据。同时，监督评估机制应注重公众参与。通过设立便捷的反馈渠道，鼓励服务接受者对提供的法律服务进行评价，这样，不仅能增加评估的透明度，而且能提高公众的参与度和满意度。此外，应及时向社会公布监督评估结果，接受社会的监督，以此推动公共法律服务质量的持续提升。

2.公共法律服务激励机制的创新与完善

一个科学合理的激励机制能够激发服务人员的内在动力，引导法律服务人员更好地履行职责，提供优质的服务。创新激励机制的首要任务是构建多元化的奖励体系。除了传统的薪酬福利外，还应考虑提供职业发展机会、培训提升等非物质性奖励，以满足服务人员不同层次的需求。例如，设立优秀法律服务人员奖项，对在工作中表现突出、成绩显著的个人或团队给予表彰和奖励，以此激发法律服务人员的荣誉感和归属感。同时，不同服务人员的工作特点和个人需求各不相同，因此，激励措施应根据个体的实际情况进行定制。通过设立灵活的绩效考核标准和奖惩机制，使每个服务人员都能在自己的工作岗位上获得应有的认可和回报。此外，激励机制应与监督评估机制紧密结合。以监督评估结果为依据，对表现优秀的服务人员给予及时、公正的奖励，对存在不足的服务人员进行有针对性的指导和帮助。这种以绩效为导向的激励机制，能够确保公共法律服务队伍的整体素质和工作效率得到持续提升。

（三）营造良好的社会氛围

1.提升公众法律意识和参与度

公共法律服务作为社会治理体系的重要组成部分，其质量和效果直接关系到社会的和谐稳定与法治建设的进程。要营造良好的公共法律服务社会氛围，首要任务是提升公众的法律意识，增强其对公共法律服务的认知度和参与度。提升公众法律意识需要从多方面入手。一方面，加强法治宣传教育，通过举办法律知识讲座、开展法治文化活动等形式，普及法律知识，传播法治精神，让群众了解法律的重要性，掌握基本的法律常识。另一方面，注重法律实践教育，鼓励群众积极参与法律活动，如旁听庭审、参与模拟法庭等，通过亲身体验感受法律的威严和公正，从而增强对法律的信任感和敬畏心。同时，公共法律服务不仅仅是政府的职责，更是全社会的共同责任。因此，需要通过多种渠道，如社区宣传、媒体报道等，让群众了解公共法律服务的具体内容、服务方式和效果，激发其参与的热情和积极性。此外，可以建立公共法律服务志愿者队伍，吸引更多社会力量参与到公共法律服务中，形成全社会共同参与的良好局面。提升公众法律意识和参与度，不仅有助于推动公共法律服务工作的深入开展，而且能够促进社会的法治化进程。一个法律意识强、参与度高的社会，必然是一个更加和谐、稳定、有序的社会，这就需要从多方面入手，不断提升公众的法律意识和参与度，为营造良好的公共法律服务社会氛围奠定坚实的基础。

2.构建多元化法律服务体系与协作机制

在服务内容上，除了传统的法律咨询、法律援助等服务外，应拓展至法律风险评估、法律培训、法律调解等领域，以满足不同群体的法律需求。在服务形式上，可以通过线上线下相结合的方式，利用互联网、移动应用等技术手段，提供便捷高效的法律服务。在服务渠道上，可以建立覆盖城乡的法律服务网络，确保法律服务的广泛覆盖和可及性。而协作机制的构建则要求各相关部门、机构和社会力量之间形成紧密的合作关系。法律服务机构应积极参与其中，提供专业的法律服务支持。同时，应鼓励社会力量参与公共法律服务，形成政府主导、社会参与的格局。在构建多元化法律服务体系与协作机制过程中，需要注重资源整合和共享。通过整合各类法律服务资源，实现资源的优化配置和高效利用；通过建立信息共享机制，促进各部门、机构之间的信息交流与合作，提高公共法律服务的整体效能。通过构建多元化的法律服务体系与协作机制，可以为群众提供更加全面、便捷、高效的法律服务，推动公共法律服务事业的持续发展。

（四）借助媒介大力宣传相关法律知识

1.利用现代媒介推动法律知识普及

传统的法律知识传播方式往往受到时间和空间的限制，难以覆盖广大民众；而现代媒介的崛起，特别是互联网、移动智能终端的普及，为法律知识的传播提供了更加便捷、高效的途径。现代媒介具有传播速度快、覆盖面广的特点。无论是新闻网站、社交媒体还是短视频平台，都能在短时间内将法律知识传递给数以亿计的用户。通过精心策划的法律知识专栏、专题报道和互动问答，媒介可以将复杂的法律条文转化为通俗易懂的语言，让普通民众也能轻松理解并运用到日常生活中。此外，媒介可以通过直播、短视频等形式，将法律案例进行生动形象的展示，增强法律知识的吸引力和感染力。现代媒介具有互动性强、参与度高的优势。通过在线论坛、微博话题讨论等方式，媒介可以引导民众积极参与法律知识的讨论和交流，形成全民学法的良好氛围。同时，媒介可以邀请法律专家、律师等专业人士进行在线解答，为民众提供法律咨询和帮助，进一步推动法律知识的普及和应用。在利用现代媒介推动法律知识普及过程中，需要注重内容的针对性和实效性。媒介应该根据不同群体的需求和特点，制定个性化的法律知识传播方案，确保法律知识能够真正深入人心。

2.媒介创新助力法治文化建设

媒介作为文化传播的重要载体，在法治文化建设中，扮演着举足轻重的角色。通过不断创新传播方式、丰富传播内容，媒介为法治文化的深入人心提供了有力支持。在传播方式上，媒介不断探索新的技术手段和表现形式，如虚拟现实、增强现实等先进技术，为法治文化的呈现提供了更加生动、立体的视觉体验。这些创新方式使得法律知识不再枯燥难懂，而是变得鲜活有趣，更容易被大众接受和喜爱。在传播内容上，媒介也进行了深入的挖掘和创新。除了传统的法律条文解读和案例分析外，媒介注重挖掘法治文化背后的历史渊源、价值理念和精神内涵，通过讲述法治故事、展现法治精神等方式，让民众在轻松愉悦的氛围中感受到法治文化的魅力和力量。媒介创新体现在对法治文化的传播渠道的拓展上。除了传统的广播电视、报纸等媒体外，媒介积极利用互联网、移动媒体等新兴渠道，将法治文化传递给更广泛的受众。特别是社交媒体的兴起，为民众提供了一个互动交流、分享法治文化心得的平台，进一步推动了法治文化的传播和普及。通过媒介创新，法治文化得以更加深入人心，成为民众日常生活中的重要组成部分。这不仅提升了民众的法律意识和法治素养，而且为社会的和谐稳定提供了坚实的文化支撑。因此，媒介应继续发挥其在法治文化建设中的重要作用，不断创新发展，为构建法治社会贡献力量。

（五）通过多种途径不断完善公共法律服务体系

1.线上线下融合，拓展公共法律服务体系的覆盖面

线上服务以便捷性和高效性受到广泛欢迎，它打破了时间和空间的限制，让群众可以随时随地获取法律信息和资讯。通过建立在线法律服务平台，提供法律咨询、法律援助申请、法律文书下载等多项功能，可以极大地提升公共法律服务的可及性。同时，利用大数据和人工智能技术，能更精准地分析群众需求，优化服务内容。线下服务是线上服务的重要补充。实体法律服务机构（如法律援助中心、法律咨询窗口等）为群众提供了面对面的专业法律服务。这些机构通过定期的法律讲座、法律咨询日等活动，增强了与群众的互动，提高了群众的法律意识和维权能力。此外，线下服务能更直接地了解群众的法律需

求，为线上服务的改进提供反馈。线上线下融合不仅拓展了公共法律服务体系的覆盖面，而且提升了服务的质量和效率。群众可以根据自身需求灵活选择服务方式，无论是急需快速解答的法律问题，还是需要深入咨询和援助的复杂案件，都能得到及时有效的处理，这有助于满足群众多样化的法律需求。

2.多元协作，构建全方位的公共法律服务体系

法律服务机构、社会组织以及社区等各方力量应当共同参与，形成合力。法律服务机构是公共法律服务体系的重要组成部分。律师事务所、法律援助中心等机构应提供专业的法律服务，包括但不限于法律咨询、代理诉讼、调解纠纷等。这些机构还应积极开展普法宣传，增强群众的法律素养和维权意识。社会组织在公共法律服务体系中也扮演着重要角色。它们可以通过组织各类法律公益活动，如义务法律咨询、法律援助志愿者服务等，为弱势群体提供免费或低成本的法律服务。此外，社会组织能在政府和群众之间起到桥梁作用，反映群众的法律需求和建议。社区是公共法律服务的前沿阵地。通过在社区设立法律服务站点，提供便捷的法律咨询和援助服务，能够及时发现和解决群众身边的法律问题。同时，社区能组织开展各种形式的法律宣传活动，提高居民的法律意识和自我保护能力。通过多元协作的方式，可以构建一个全方位、多层次的公共法律服务体系，满足更多群众需求，为其提供更专业、更高效的法律服务。

第四章
现代公共法律服务高质量发展的创新路径

第一节　技术创新在法律服务中的应用

一、技术创新概述

（一）技术创新的概念

1.技术创新的基本内涵

自约瑟夫·熊彼特提出技术创新以来，便在经济学与管理学领域引起了广泛的关注和深入的探讨。它不仅仅是一个技术层面的革新，更代表着一种全新的生产要素组合方式，这种方式能够被引入生产体系中，使生产技术体系发生深刻变革，进而为企业带来附加价值。熊彼特提出的5种创新形式，涵盖了产品创新、生产方法创新、市场创新、原材料创新以及组织创新，这些形式共同构成了技术创新的多维框架。在这个框架下，技术创新成为推动经济发展的关键力量。一种新产品的问世，可以创造新的市场需求，引领消费潮流；一种新的生产方法或工艺过程的引入，能够显著提高生产效率，降低成本，从而增强企业的市场竞争力；新市场的开拓，为企业拓展了更广阔的发展空间，同时为消费者带来了更多的选择；新原材料或半成品的开发，可能意味着对传统资源的替代，这不仅有助于环境保护，而且能推动产业链的升级；新的组织方法的采用能够优化企业内部管理，提高运营效率。技术创新在经济发展中的重要性不言而喻。它不仅是企业获取竞争优势的关键，更是国家经济增长的源泉。通过技术创新，企业能够不断优化产品结构，提升服务质量，在激烈的市场竞争中脱颖而出。对于国家而言，技术创新是提升国家竞争力、实现可持续发展的重要途径。因此，各国政府都在不遗余力地推动技术创新，通过政策扶持、资金投入等方式，鼓励企业加大研发投入，培养创新人才，以期在科技领域取得更多突破。

2.技术创新的过程及其商业化实现

技术创新并非一蹴而就的过程，而是一个从构想到商业化应用的复杂过程。这个过程的起点往往是一个新的技术构想，它既可能来自科研人员的灵感闪现，也可能是在市场需求驱动下产生的创新点子。然而，仅仅有一个好的构想是远远不够的，接下来需要的是系统的研究开发和技术组合，将这一构想转化为具有实际应用价值的技术成果。在技术创新过程中，研发团队的协作能力、技术水平和创新意识都至关重要。公民需要不断攻克技术难题，优化设计方案，确保新技术的可行性和实用性。同时，市场的需求变化、政策法规的变动以及竞争对手的动态会对技术创新产生影响，因此，技术创新的过程需要灵活应变，不断调整研发策略。当技术成果通过研发阶段的验证后，便进入了商业化应用阶段。这一阶段是技术创新价值实现的关键环节。技术成果需要通过市场推广和销售渠道转化为实际的产品或服务，被消费者接受并购买，从而实现其商业价值。商业化过程成功与否，不仅取决于技术本身的先进性，而且与市场定位、营销策略、客户关系管理等多方面因素密切相关。因此，技术创新过程是一个涉及技术研发、市场验证、商业模式设计等多方面的复杂系统工程。它既需要企业内外部资源的有效整合，也需要创新团队与市场团队的紧密合作，更需要企业对市场趋势的敏锐洞察和灵活应对。

（二）技术创新过程模式

1.技术推动模式

技术推动的创新过程模式强调科学研究与技术发明在技术创新中的核心驱动力。在这一理论视角下，科学发现和技术发明被视为创造社会新需求的源泉，不断推动技术创新活动的蓬勃发展。这一模式认为，市场上的需求对技术创新的推动作用相对微弱，而大专院校、科研机构等组织的支持在技术创新中扮演着举足轻重的角色。这些机构通过深入研究与探索，为技术创新提供了源源不断的动力。根据技术推动的创新过程模式，技术创新的过程始于研究开发阶段。在这一阶段，科研人员凭借深厚的专业知识和创新思维，致力于新技术的开发与突破。随着研发的深入，新技术逐渐成形，并通过精心设计的生产流程转化为实际的产品。随后，这些新技术产品进入销售环节，最终被引入市场，满足广大消费者的需求。值得注意的是，在这一模式下，市场被视为研究开发成果的被动接受者。换言之，市场需求虽然存在，但并非技术创新的主导力量。相反，科研机构和大专院校通过前瞻性的研究，引领着技术创新的方向，创造出新的市场需求。这种以技术为推动力的创新模式，不仅促进了科技的进步，而且为社会的发展注入了源源不断的活力。

技术推动的创新过程模式有两种基本形态。

一是以基础研究或应用研究为基础的技术推动创新模式，基本形态见图4-1。这是一种自主开发的技术创新模式，主要用于全新创新、重大的突破性技术创新。它需要很大的资源、研究与发展资金、研究与发展力量投入。运用这种模式必须有较雄厚的技术力量，特别是研究与发展力量，并具有较多的技术积累。当企业在竞争中取得领先地位时，可采取这种模式。

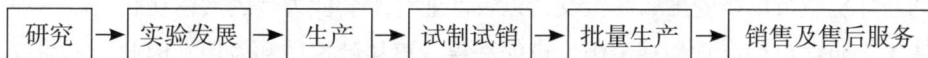

研究 → 实验发展 → 生产 → 试制试销 → 批量生产 → 销售及售后服务

图4-1　以基础研究或应用研究为基础的技术推动创新模式基本形态

二是以引进、消化吸收先进技术为基础的二次创新模式，这种模式的基本形态见图4-2。该种模式适用于技术力量（尤其是研究与发展力量）不足以及研究与发展资金不足的情况，可在有限资金和技术力量条件下，尽快地满足经济发展的需要，并在较短期限内通过引进、消化吸收，积累技术能力，提高研究与发展水平。一般来说,发展中国家大多采取这种模式。

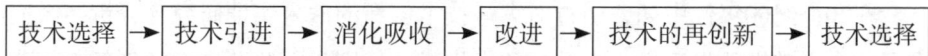

技术选择 → 技术引进 → 消化吸收 → 改进 → 技术的再创新 → 技术选择

图4-2　以引进、消化吸收先进技术为基础的二次创新模式基本形态

两种创新模式各有优缺点，应用条件不尽相同，应根据自身条件选择合适的创新模式，以尽快达到能够自主进行创新。虽然两种模式起点不同，但殊途同归，最终都能实现技术创新的目的，见图4-3。

图4-3 两种创新模式殊途同归

技术推动的创新过程模式虽然揭示了科学研究与技术发明在技术创新中的重要作用，但它所描绘的仅仅是技术创新复杂画卷的一角。将技术创新的动力源单一归结为科学发现和技术发明，显然是不够全面的。因为这种模式无法充分解释为何某些科学技术成果能够迅速转化为创新产品，而另一些则长时间内难以实现这一过程。事实上，技术创新的步伐受到多种因素的影响，包括但不限于市场需求、资金支持、政策环境、产业基础以及创新文化等。这些因素在技术创新的各个阶段都发挥着重要作用。例如，一项技术发明即使再先进，如果没有相应的市场需求或资金支持，其商业化过程也会变得异常艰难。此外，这一模式还无法解释为何某些国家的技术发明并未在本国实现技术创新，反而在其他国家完成了商品化过程。其中的原因也是多方面的，可能与不同国家的创新环境、市场接受度、政策支持以及产业链配套能力等因素密切相关。一项技术发明在更加适宜的环境中，可能会得到更快的推广和应用。因此，不能仅仅从技术推动的角度来审视技术创新，而应该将其置于一个更加广阔和复杂的系统中进行考量。技术创新是一个多元化的过程，它涉及科学、技术、经济、社会等多个领域的相互作用。只有全面理解和把握这些影响因素，才能更好地推动技术创新的发展，实现科技与经济的深度融合。

2.市场需求拉动模式

在20世纪60年代中期，经过对大量技术创新的深入实证研究与分析，人们有了一个突破性的发现：大多数的技术创新，特别是那些渐进性的创新，其背后的推动力并非主要来自技术本身，而是更多地受到市场需求和生产需要的驱动。具体数据显示，有60%~80%的创新活动是由市场和生产需求所触发的。市场的不断扩张为技术发展带来了新的机遇与挑战。为了更好地捕捉这些机会，技术研发会进行一系列的创新活动，目的是创造更多的细分市场并抢占更大的市场份额。这种由市场扩张引发的创新，不仅能够巩固其市场地位，而且能够进一步推动行业的发展与繁荣。另外，当原材料成本上升时，技术研发同样会寻求创新，以减少对昂贵原材料的依赖。这种由成本压力驱动的创新，在推动企业持续改进和优化生产流程的同时，为整个产业链的升级和转型提供了动力。正是基于这些观察和分析，有人提出了需求拉动的创新过程模式。在这一模式下，市场不仅仅是研发构思的重要来源，更是产品和工艺创新的关键驱动力。市场的需求和变化为创新创造了无数的机会，同时激发了可行的技术方案。换句话说，在需求拉动的创新模式中，技术创新更多地被看作市场需求引发的结果，而市场需求在创新过程中起到了关键性的作用，见图4-4。而由于消费者需求变化的有限性和消费者需求变化测度的困难性，尽管市场需求会引发大量的技术创新，但这些创新大都属于渐进性创新。

市场需求 → 销售信息反馈 → 研究与开发 → 生产 → 销售

图4-4　市场需求拉动的创新模式

3.技术推动-市场需求拉动综合作用模式

无论是技术推动还是市场需求拉动，都无法对企业技术创新过程提出完整的解释，技术和市场需求通常是以一种相互作用的方式共存的，技术创新往往是技术推动和市场需求拉动共同作用的结果。因此，有关学者提出了技术推动-市场需求拉动综合作用模式，见图4-5。

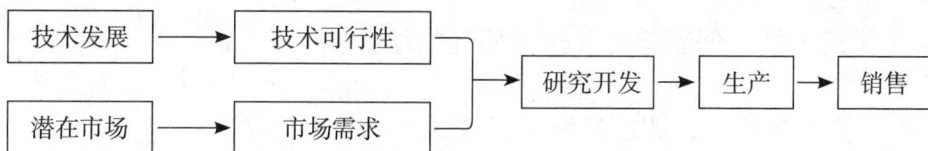

技术发展 → 技术可行性

潜在市场 → 市场需求

（技术可行性 + 市场需求）→ 研究开发 → 生产 → 销售

图4-5　技术推动-市场需求拉动综合作用模式

4.技术和市场共同作用的交互模式

在20世纪70年代至80年代初期，随着对技术创新过程的深入理解，人们逐渐认识到创新并非单一因素所能完全驱动的，而是多种因素交织、共同作用的结果。基于这一认知，第三代创新过程模式应运而生，即技术和市场共同作为创新源的交互作用创新过程模式。这一模式呈现出一种复合环状结构，象征着技术创新过程中各要素的紧密相连和相互影响。这一模式的核心理念在于，技术创新的动力来源于市场需求和科学技术发明的双重推动。换言之，创新是在科技提供的可能性与市场需求显现的机遇相互交会中得以实现的。这种交会并非简单的相加，而是一种深度的融合与碰撞，它激发了新的思想、新的方法和新的解决方案。值得注意的是，这一模式并未将科学技术发明或市场需求中的任何一个因素置于主导地位。相反，它强调了两者的平等性和互补性。实际上，通过实证分析可以发现，在工业发展的不同阶段，这两个因素的作用力是有所变化的。在工业发展初期，科学技术发明的推动作用可能更为明显，因为它为工业生产提供了新的工具和方法，推动了生产力的显著提升。而随着工业的成熟和市场的饱和，市场需求的牵引力逐渐增强。技术与市场共同作用的交互模式，不仅揭示了创新过程中技术与市场的紧密联系，而且强调了二者在创新全过程中的动态平衡。这种平衡不是静态的，是随着产品生命周期和创新阶段的变化而不断调整的。在某些阶段，技术推动可能占据主导地位，为创新提供新的可能性和方向；而在其他阶段，市场需求则可能成为创新的主要驱动力，引导企业调整策略，以满足消费者的期望。此外，这种交互作用模式也表明，单纯的技术推动或需求拉动创新过程模式只是其特例。在实际情况中，创新往往是多种因素交织、共同作用的结果。因此，在采用创新技术时，需要综合考虑技术、市场以及二者之间的交互作用，以确保创新的成功实施和市场的有效响应。

（三）技术创新与公共法律服务的结合点

1.技术创新与公共法律服务的普及化

随着科技的进步，特别是互联网技术的发展，法律服务正逐渐从传统的线下模式转向线上，变得更加便捷和可及。技术创新为公共法律服务的普及奠定了坚实的基础。过去，法律服务往往受限于地域和时间的因素，许多偏远地区或忙碌的群体难以获得及时有效的法律帮助。而现在，借助互联网平台，法律服务得以跨越时空的限制，覆盖更广泛的人群。智能手机和移动互联网的普及，使得法律应用程序和在线咨询平台成为公众随时随地获取法律信息的窗口。人们只需轻点屏幕，便能获得专业的法律解答和咨询服务。传统的法律服务往往以面对面的咨询和诉讼为主；而现在，借助视频通话、在线聊天等技术手段，法律服务的形式变得更加灵活多样。这不仅降低了法律服务的门槛，而且提高了服务的可及性和便捷性。无论是城市白领还是乡村居民，都能通过这些创新的服务形式，享受到高质量的法律服务。通过互联网平台，法律知识和法律意识得以更广泛的传播。在线法律课程、普法视频等多媒体内容，使得公众能够在轻松愉快的氛围中学习法律知识，提升自身的法律素养。这种普及化的法律教育不仅增强了公众的法律意识，而且为构建法治社会奠定了坚实的群众基础。

2.技术创新与公共法律服务的个性化

随着大数据、人工智能等技术的不断发展，法律服务正逐渐从传统的"一刀切"模式朝着更加个性化的方向转变。大数据技术的应用使得法律服务提供者能够收集和分析大量用户数据，从而更准确地了解用户的需求和偏好。基于这些数据，法律服务可以更加精准地为用户提供定制化的解决方案，满足用户的个性化需求。同时，人工智能技术也在推动公共法律服务的个性化方面发挥了重要作用。智能法律助手和机器人律师等创新工具能够根据用户的具体情况和需求，提供针对性的法律建议和服务。此外，技术创新促进了公共法律服务与用户之间的深度互动。通过社交媒体、在线论坛等平台，用户可以更加便捷地与法律服务提供者进行交流和反馈。这种互动不仅有助于增进用户对法律服务的了解和信任，而且能帮助法律服务提供者不断优化服务内容和方式，更好地满足用户的个性化需求。

二、技术创新对公共法律服务的影响

（一）技术创新提高公共法律服务的效率与质量

1.技术创新有助于提高公共法律服务的效率

在当下社会，技术创新已成为推动各个领域发展的核心动力，公共法律服务领域亦不例外。技术创新通过引入现代化的科技手段，显著提升了公共法律服务的效率，使得法律服务更加便捷、迅速，从而更好地满足了公众对法律服务的迫切需求。随着信息技术的飞速发展，出现了电子化法律文书系统，它极大地缩短了法律文件的处理时间。传统的纸质法律文书需要耗费大量时间进行撰写、审核、修改和传递；而现在，通过专业的法律文书软件，律师和法务人员可以快速生成标准化、规范化的法律文件，大大提高了工作效率。同时，电子签名技术的应用使得法律文件的签署变得简单快捷，不再需要面对面地签字盖章，节省了双方的时间和成本。此外，在线法律咨询平台的兴起，使得法律服务实现了24小时不间断的在线服务。公众可以随时通过网络平台向律师咨询法律问题，获得及时的法律帮助。这种服务模式打破了时间和空间的限制，让人们在任何时间、任何地点都能获得所需的法律服务。与此同时，智能化的法律咨询服务机器人能够在非工作时间为公众提供基础的法律咨询，进一步提升了法律服务的可及性和效率。通过云计算，法律服务机构可以轻松地存储、管理和共享大量的法律文件和数据，实现了信息的即时更新和共享。大数据技术能够帮助律师和法务人员快速分析案例、法条和相关数据，为案件提供更加精准的法律意见和解决方案，从而减少了研究和决策的时间。

2.技术创新有助于提升公共法律服务的质量

通过引入先进的技术手段，法律服务变得更加精准、专业，为公众提供了更高水平的法律保障。智能化法律辅助系统的应用，使得法律服务人员能够更加准确地理解法律条文和案例，从而为公众提供更加专业的法律服务。这些系统通过自然语言处理和机器学习技术，能够自动分析和归纳大量的法律文献和案例，为律师提供有力的数据支持和参考。这不仅提高了法律服务的精准度，而且增强了法律服务人员处理复杂案件的能力。此外，传统的法律服务模式往往依赖于律师的个人经验和知识；而现在，通过技术手段，可以实现法律服务团队之间的协作和资源共享。这种新的服务模式使得法律服务更加全面、深入，能够更好地满足公众的多元化需求。在线法律教育平台的兴起也为提升法律服务质量作出了贡献。这些平台提供了丰富的法律课程和培训资源，使得法律服务人员能够不断提升自己的专业素养和技能水平。通过持续的学习和培训，法律服务人员能够更好地理解法律精神，更准确地把握案件细节，从而为公众提供更高质量的法律服务。

（二）技术创新提高了公共法律服务的可及性与准确性

1.技术创新提高了公共法律服务可及性

传统的公共法律服务往往受限于地域、时间和人力资源等多重因素，使得许多有需求的人难以便捷地获得相应的法律服务。然而，随着互联网的普及和信息技术的发展，这一局面得到了极大的改善。在线法律咨询平台、智能法律助手等新型服务模式的出现，打破了传统服务的时空限制，使得法律服务不再受地域和时间的束缚。人们只需通过电脑或手机，便能随时随地获取法律信息和资讯，大幅提升了服务的可及性。除了提供便捷的获取途径外，技术创新在提升法律服务的质量上发挥了重要作用。通过大数据、人工智能等先进技术的应用，法律服务提供者能够更准确地理解和分析用户的法律需求，提供更加个性化的服务方案。例如，基于大数据分析的用户画像，能够帮助服务提供者了解用户的法律偏好和需求特点，从而提供更加精准的法律建议和解决方案。同时，人工智能的引入使得法律服务的处理速度大幅提升，减少了人为因素导致的错误和延误，提高了服务的准确性和效率。此外，技术创新推动了公共法律服务体系的完善和发展。通过整合和优化法律服务资源，建立更加完善的法律服务网络，使得各类法律服务能够相互衔接、互为补充，形成覆盖城乡、惠及全民的法律服务体系。这不仅有助于提升公共法律服务的整体水平和质量，而且能够更好地满足人民群众日益增长的法律需求。

2.技术创新增强了公共法律服务准确性

传统的法律服务往往依赖于律师或法律工作者的个人经验和专业知识，这在一定程度上限制了服务的准确性和客观性。而随着人工智能、自然语言处理等技术的快速发展，法律服务开始迈向智能化、标准化的新阶段。智能法律系统的出现，使得法律服务能够基于海量的法律数据和先进的算法模型，进行更加精准的法律分析和判断。智能法律系统能够自动处理和分析大量的法律案例和法条，提取关键信息和特征，形成更加准确的法律意见和建议。与此同时，系统能够根据用户的输入和反馈，不断优化自身的算法和模型，提高服务的准确性和可靠性。这种基于数据驱动的智能化服务方式，不仅提高了法律服务的专业化水平，而且减少了人为因素导致的错误和偏差。此外，技术创新在提高法律服务标准化程度方面发挥了重要作用。通过制定统一的法律服务标准和规范，利用技术手段对服务过程进行监控和管理，确保服务的质量和准确性符合既定要求。这有助于消除服务过程中的不确定性和主观性，提高服务的可预测性和可靠性。除了上述直接提升法律服务准确性的方式外，技术创新在改善法律服务流程、提升服务体验等方面发挥了积极作用。通过优化服务流程、简化操作步骤、提供多样化的服务方式等，技术创新使得法律服务更加便捷、高效和人性化，从而间接地提升了服务的准确性。

（三）技术创新促进了公共法律服务创新发展和扩大了其覆盖面

1.技术创新促进了公共法律服务创新发展

传统的法律服务模式往往局限于面对面的咨询和烦琐的文书工作，效率低下，且难以满足人民群众日益增长的法律需求。随着大数据、云计算、人工智能等技术的蓬勃发展，公共法律服务领域正迎来前所未有的创新机遇。技术创新推动了法律服务模式的智能化升级。通过自然语言处理、机器学习等先进技术，智能法律咨询系统能够实现对用户问题的自动解析和回答，提供高效、便捷的法律咨询服务。这种智能化的服务模式不仅大大减轻了法律工作者的负担，而且提高了服务的准确性和时效性。同时，电子诉讼平台、在线调解系统等创新应用，使得法律服务的获取更加便捷，降低了人民群众获取法律服务的门槛。此外，技术创新促进了法律服务模式的个性化与定制化。通过对用户数据的深度挖掘和分析，法律服务提供者能够更准确地把握用户的法律需求和偏好，提供更具针对性的服务方案。例如，基于用户画像的个性化法律推荐系统能够根据用户的个人信息和历史行为，为其推荐合适的法律产品和服务，提高服务的满意度和有效性。在技术创新推动下，公共法律服务模式正逐步实现从传统向现代的转型。智能化、个性化、定制化的服务模式不仅提升了法律服务的效率和质量，而且满足了人民群众日益增长的法律需求。

2.技术创新扩大了公共法律服务覆盖面

在过去，由于受到地域、资源等限制，许多地区的人民群众难以享受到便捷、高效的法律服务。而随着信息技术的普及和应用，这一局面正在得到逐步改善。一方面，技术创新打破了地域限制，使得法律服务能够覆盖更广泛的地区。通过互联网、移动应用等渠道，法律服务提供者能够将服务延伸到偏远地区、农村地区等以往难以覆盖的区域。这不仅为这些地区的人民群众提供了便捷的法律服务途径，而且促进了法律服务的普及和均等化。另一方面，技术创新提升了法律服务资源的利用效率。通过云计算、大数据等技术手段，法律服务提供者能够实现对服务资源的优化配置和高效利用。例如，通过在线法律服务平台，法律工作者能够同时为多个用户提供咨询服务，提高了工作效率；而电子化的法律文件和流程管理则能够减少纸质文档的使用和存储成本，实现资源的节约和环保。此外，技术创新推动了公共法律服务与其他社会服务的融合。通过与教育、医疗、社保等领域的合作与对接，法律服务能够更好地融入社会服务体系之中，为人民群众提供更加全面、综合的服务支持。

三、技术创新在公共法律服务中的运用

（一）信息技术在公共法律服务中的应用

1.互联网技术的优势

互联网技术以独特的魅力和无可比拟的优势，深刻地改变了人们的生活方式和工作模式。它能够实现信息的实时传递，无论是文字、图片还是视频，都能在短时间内传达给世界各地的用户。这种即时性不仅加快了信息传播的速度，而且使得人们能够迅速获取所需的信息，提高了工作效率。互动性是互联网技术的另一大特点。传统的信息传播方式往往是单向的；而互联网技术则打破了这一限制，使得用户之间可以进行实时的交流和反馈。这种互动性不仅增强了用户的参与感和归属感，而且为企业和组织提供了更多了解用户需求、改进产品和服务的机会。此外，互联网打破了地域的限制，使得世界各地的人们能够轻松地连接到一起。这种全球性不仅促进了国际交流与合作，而且为跨国企业和国际贸易提供了极大的便利。通过互联网，人们可以轻松地分享和获取各种资源，如文档、图片、视频等。这种资源共享不仅丰富了人们的学习和生活，而且为企业和组织提供了更多的创新机会。同时，互联网技术降低了信息

传播和获取的成本，使得更多的人能够享受到信息时代的便利。

2.互联网技术在法律咨询中的应用

互联网技术打破了传统法律咨询的时空限制，使得法律咨询服务能够随时随地为公众所获取。通过互联网平台，公众可以轻松地与律师进行在线交流，无论是文字咨询、语音通话，还是视频聊天，都极大地提升了法律咨询的便捷性。这种即时的互动方式，不仅让法律咨询变得触手可及，而且大幅缩短了等待和反馈的时间，提高了咨询的效率。此外，互联网技术促进了法律咨询服务的多样化。在线法律咨询平台通常提供多种咨询方式，如在线留言、实时咨询、电话咨询等，满足了不同用户的需求。同时，这些平台集成了法律知识库、案例库等资源，用户可以通过自助查询获取基础的法律知识和案例参考，进一步提升了法律咨询服务的自助性和便捷性。在线法律咨询平台通常会对律师的资质和服务质量进行严格审核，确保用户能够获得专业、可靠的法律建议。同时，平台会对咨询过程进行记录和保存，便于后续的回顾和参考，增加了法律咨询的规范性和可信度。

（二）智能化技术在公共法律服务中的运用

1.智能化技术的特点

在法律服务领域，智能化技术的运用同样带来了革命性的变革，使得法律服务更加高效、精准和便捷。通过大数据、云计算等技术手段，智能化技术能够实现对海量数据的快速处理和分析。在法律服务中，这意味着可以更加全面地收集和整理案件信息、法律条文等数据，为法律工作者提供更加全面、准确的信息支持。智能化技术的另一特点是其高度的智能化和自动化水平。借助机器学习、自然语言处理等先进技术，智能化技术能够模拟人类的思维过程，对复杂问题进行分析和判断。在法律服务中，这可以表现为智能法律咨询系统能够自动回答用户的问题，提供初步的法律建议；智能案件处理系统能够自动分析案件数据，辅助法律工作者进行案件预测和风险评估等。传统的法律服务往往依赖于人工操作和经验判断，容易受到人为因素的干扰和限制；而智能化技术通过自动化、智能化的处理方式，大大减少了人为因素的干扰，提高了服务的稳定性和可靠性。同时，智能化技术能够根据用户的需求和偏好提供个性化的服务方案，提高了服务的满意度和用户体验。此外，智能化技术具有强大的扩展性和可定制性。随着技术的不断进步和创新，智能化技术可以不断升级和优化，以满足法律服务领域不断变化的需求。

2.智能化技术在公共法律服务中的深度应用

在公共法律服务的咨询环节，智能化技术发挥着举足轻重的作用。传统的法律咨询往往依赖于律师或法律工作者的个人经验和知识；而智能化技术的引入，使得法律咨询更加精准、高效。智能化技术可以通过对大量案件数据的分析和挖掘，发现案件之间的关联性和规律性，为法律工作者提供有价值的参考信息。同时，智能化技术可以辅助法律工作者进行案件预测和风险评估，提高案件处理的准确性和效率。这种智能化的案件处理方式，不仅减轻了法律工作者的负担，而且提高了案件处理的质量和水平。传统的法律服务流程往往烦琐复杂，需要用户亲自到现场办理相关手续；而智能化技术可以通过在线平台、移动应用等方式，实现法律服务的线上办理和自助服务。用户只需通过简单的操作，即可完成法律咨询、案件申请等事项，大大提高了服务的便捷性，优化了用户的体验。

3.智能化技术对于公共法律服务质量与效率的促进作用

智能化技术在公共法律服务中的运用，不仅改变了传统的服务模式，更在提升服务质量和效率方面发挥了重要作用。通过引入智能化技术，公共法律服务得以更加精准地满足民众的需求，同时实现了服务资源的优化配置和高效利用。在服务质量方面，智能化技术通过数据分析和挖掘，能够更准确地把握民众的法律需求和偏好。基于这些数据，法律服务提供者可以制定更加精准的服务策略，提供更加个性化的服务方案。同时，智能化技术可以对服务过程进行实时监控和评估，及时发现并纠正服务中的不足和问题，确保服务质量的不断提升。在服务效率方面，智能化技术通过自动化、智能化的处理方式，大大提高了法律服务的处理速度和效率。例如，智能法律咨询系统可以实现对用户问题的即时回答，避免了传统咨询方式中的等待和延迟；智能化案件处理系统可以自动分析案件数据，辅助法律工作者快速做出决策和判断。此外，智能化技术通过优化服务流程、简化操作步骤等方式，进一步提升了公共法律服务的便捷性和用户体验。通过在线平台、移动应用等渠道，民众可以随时随地获取法律服务，无须再受时间和地点的限制，不仅方便了民众的生活，而且提高了法律服务的普及率和覆盖率。

（三）区块链技术在公共法律服务中的合理利用

1.区块链技术的原理与特点

区块链技术作为分布式账本的一种，其基本原理在于通过去中心化的方式，维护一个可靠且不可篡改的数据库。这一技术允许网络中的参与者共同维护一份数据记录，并且所有记录都是公开、透明的。每当有新的交易或数据变更时，这些信息会被打包成一个数据块，并且每个数据块都被数字签名和时间戳所保护，以确保其完整性和真实性。每个数据块都按照时间顺序链接在一起，形成一个不可篡改的数据链，即所谓"区块链"。区块链技术，一方面可以去中心化，没有中央机构或服务器控制整个网络，每个节点都有完整的账本副本，这增加了系统的鲁棒性和抗攻击能力；另一方面具有透明性，所有的交易记录都是公开可查的，这增强了数据的可信度。区块链技术通过复杂的加密算法和数字签名技术，保证了数据传输和存储的安全。一旦数据被写入区块链，几乎无法被更改或删除，这为数据的真实性和可信度提供了坚实的保障。

2.区块链技术在公共法律服务中的有效利用

传统的法律服务往往依赖于纸质文档和中心化的记录系统，这不仅效率低下，而且存在数据篡改和伪造的风险。区块链技术的引入，可以有效地解决这些问题。通过区块链技术，公共法律服务可以实现案件信息的透明化和不可篡改性。所有的法律文件、证据和交易记录都可以被安全地存储在区块链上，确保数据的真实性和完整性。这不仅可以提高司法的公正性，而且能大大减少因数据篡改或丢失而引起的纠纷。此外，在法律服务中，确保参与者的身份真实可信至关重要。通过区块链技术，可以建立一个去中心化的身份验证系统，确保每个人的身份都是唯一且不可伪造的。同时，区块链技术可以优化法律服务的流程和提高效率。智能合约的应用可以自动化执行合同条款，减少人为干预和错误的可能性，这有助于提高服务的速度和准确性。

第二节　法律服务与多元化纠纷解决机制的融合

一、多元化纠纷解决机制概述

（一）多元化纠纷解决机制简述

1.多元化纠纷解决机制的内涵

多元化纠纷解决机制，涵盖了诉讼与非诉讼两大类方式，它反映了社会对纠纷处理方式多样化的需求。特别是非诉讼方式，即"替代性纠纷解决方式（ADR）"，已成为现代社会中处理矛盾与冲突的重要手段。这种机制的兴起，不仅是因为社会主体关系的日益复杂和多元化，更是因为人们对纠纷解决手段提出了更高的要求。在利益和冲突多元化的背景下，ADR应运而生，为当事人提供了更加灵活和高效的纠纷解决途径。与传统的诉讼方式相比，ADR更注重当事人的意思自治，允许双方通过协商、调解、仲裁等方式达成共识，从而避免了漫长的诉讼过程和昂贵的诉讼费用。这种方式在处理涉及多方利益、复杂情感的纠纷时，显得尤为适用。历史上，非诉讼的纠纷解决方式早已有之。在古代社会，人们通过调解、协商等方式来解决矛盾。然而，随着社会的发展，这些传统方式逐渐被纳入更加规范化、法治化的轨道。现代社会中的ADR，就是在继承和发扬这些传统方式的基础上，结合现代法律理念和技术手段而形成的一种新型纠纷解决机制。ADR的广泛应用，不仅体现了社会对多元化纠纷解决方式的需求，而且反映了人们对高效、公正、和谐的纠纷解决方式的追求。在各种ADR方式中，调解和仲裁是最为常见的两种。调解以灵活性和保密性受到当事人的青睐，而仲裁则以专业性和一裁终局的特性，为当事人提供了快速解决纠纷的途径。随着ADR的不断发展，其适用范围也在不断扩大。从最初的民事纠纷到现在的商事争议、劳动争议、知识产权纠纷等，ADR都展现出了强大的生命力和广泛的应用前景。可以说，多元化纠纷解决机制已经成为现代社会治理体系的重要组成部分，为构建和谐社会、促进公平正义发挥了重要作用。

2.多元化纠纷解决机制的优势与价值

ADR的显著优势之一在于高效性。相较传统的诉讼方式，ADR通常能够更快地解决纠纷。这是因为ADR程序相对简单，不受严格烦琐的法律程序限制，可以根据当事人的需求和实际情况进行灵活调整。这种高效性对于商业纠纷等需要快速解决的情况尤为重要。除了高效性，ADR体现了更为人性化和灵活性的纠纷处理方式。在ADR过程中，当事人可以充分表达自己的意愿和需求，通过协商和妥协达成共识。这种方式不仅有助于维护当事人的尊严和利益，而且能促进双方之间的沟通和理解，为未来的合作奠定基础。此外，多元化纠纷解决机制对于节约司法成本、减轻法院负担具有重要意义。随着社会的快速发展，各类纠纷层出不穷，如果全部依赖诉讼方式解决，那么无疑会给法院带来巨大的压力。而ADR作为一种有效的补充，能够分担部分纠纷解决任务，从而减轻法院的负担，使其能够更加专注于复杂、疑难案件的审理。

（二）多元纠纷解决机制产生的历史背景

1.多元纠纷解决机制的产生与司法压力的缓解

随着社会经济的快速发展，新的利益冲突和纠纷类型层出不穷，传统的诉讼方式在面对这些新型纠纷时，显得力不从心。特别是在改革开放后的中国，经济的迅猛增长带来了社会结构的深刻变革，法院案件负担急剧上升，司法系统面临着前所未有的压力。在这一背景下，寻求诉讼程序之外的纠纷解决方式成为迫切的需求。多元纠纷解决机制应运而生，它不仅包括传统的诉讼方式，而且涵盖了协商、调解、仲裁等多种非诉讼手段。这些方式的灵活性和高效性，使得纠纷能够更快速地得到解决，从而有效减轻了法院的负担。值得一提的是，司法系统本身也成为多元纠纷解决机制的积极推动者。面对案件数量的激增和司法资源的有限性，法院开始主动探索和推广各种替代性纠纷解决方法。这种做法不仅提高了纠纷解决的效率，而且让更多的当事人能够获得更加公正、及时的法律服务。在商业活动中，纠纷的发生往往涉及复杂的利益关系和多方面的考量。因此，商业界更倾向于选择灵活、高效的非诉讼方式来解决纠纷，以维护自身的利益和形象。

2.多元纠纷解决机制的发展与社会需求的适应

随着社会的发展和变革，人们对纠纷解决方式的需求也在不断变化。多元纠纷解决机制正是适应了这种需求的变化而发展起来的。在当代社会，纠纷的类型和性质越来越复杂，涉及的利益关系也越来越多元化。因此，单一的诉讼方式已经难以满足人们的需求。多元纠纷解决机制通过提供多种纠纷解决方式，让当事人能够根据自己的实际情况和需求进行选择，从而提高了纠纷解决的针对性和实效性。同时，在非诉讼纠纷解决过程中，当事人可以通过协商、调解等方式进行充分的交流和沟通，从而增进彼此之间的理解和信任。此外，多元纠纷解决机制推动了社会的法治建设。通过整合各种法律资源和社会力量，多元纠纷解决机制为当事人提供了更加全面、专业的法律服务。

（三）公共法律服务与多元纠纷解决机制的内在联系

1.公共法律服务在多元纠纷解决机制中的角色定位

公共法律服务作为现代社会治理体系的重要组成部分，其存在与发展对于推动社会和谐稳定、维护人民群众合法权益具有不可替代的作用。在多元纠纷解决机制中，公共法律服务扮演着关键的角色，为各类纠纷的化解提供了坚实的法律支撑和专业的服务保障。一方面，公共法律服务是多元纠纷解决机制的基础。它通过为群众提供法律咨询、法律援助、法治宣传等多样化服务，帮助群众了解自身权益，引导群众依法表达诉求、维护权益。在这个过程中，公共法律服务不仅提高了群众的法治意识，而且为纠纷的预防和化解打下了坚实的基础。同时，公共法律服务通过搭建平台、整合资源，为各类纠纷的解决提供了便捷的途径和高效的方式。另一方面，公共法律服务是多元纠纷解决机制的有效补充。在传统的诉讼方式之外，公共法律服务为群众提供了更多的非诉讼解决途径，如调解、仲裁等。这些方式更加灵活、便捷，能够更好地适应不同纠纷的特点和需求。通过公共法律服务的引导和帮助，群众可以更加理性地选择适合自己的纠纷解决方式，从而实现纠纷的快速、高效解决。此外。随着社会的不断发展，纠纷的形式和类型在不断变化。公共法律服务通过不断探索和实践，为多元纠纷解决机制的创新提供了源源不断的动力。例如，通过引入智能化技术、建立在线服务平台等方式，公共法律服务提高了服务效率和质量，为群众提供了更加便捷、高效的服务体验。

2.多元纠纷解决机制对公共法律服务的促进与提升

在多元化纠纷解决方式中，每种方式都需要专业的法律知识和技巧来支撑。这促使公共法律服务提供者不断提升自身的专业素养，以满足不同纠纷解决方式的需求。同时，为了适应各种纠纷的特点和复杂性，公共法律服务在内容和形式上变得更加精细，更加贴近群众的实际需求。传统的诉讼方式往往耗时较长、成本较高，而多元纠纷解决机制中的非诉讼方式则更加灵活高效。这种变化要求公共法律服务提供者提高服务效率，缩短群众等待时间，同时确保服务质量不降低。这既是对公共法律服务提供者的一种挑战，也是对其能力提升的一种推动。此外，随着纠纷解决方式的多样化，越来越多的群众开始了解和接受非诉讼解决方式。这不仅扩大了公共法律服务的受众范围，而且增强了群众对法律服务的认知度和信任度。同时，多元纠纷解决机制中的调解、协商等方式有助于增进群众之间的沟通和理解，促进社会和谐稳定。在解决纠纷过程中，公共法律服务提供者需要不断创新服务方式和方法，以适应不断变化的社会环境和群众需求。

（四）公共法律服务与多元纠纷解决机制融合的意义

1.对法治社会建设的推动意义

通过公共法律服务体系的普及，广大民众能够更加方便地接触到法律知识和法律援助，从而提升自身的法治意识和法律素养。当民众遇到纠纷时，不再仅仅依赖于传统的诉讼途径，而是可以选择更加灵活多元的纠纷解决方式，这无疑为社会的和谐稳定注入了新的活力。此外，这种融合促进了法律职业共同体的发展。律师、法官、调解员等法律职业者在多元纠纷解决机制中扮演着重要角色，其专业素养和职业道德直接影响着纠纷解决的效果。公共法律服务体系的完善，为这些法律职业者提供了更多的实践机会和培训资源，有助于提升法律职业者的专业水平和服务质量。更为重要的是，公共法律服务与多元纠纷解决机制的融合，有助于构建一种全民守法、遇事找法、解决问题用法、化解矛盾靠法的法治环境。在这种环境下，法律不再是高高在上的冰冷条文，而是融入人们日常生活的行为准则。民众在遇到问题时，会自然而然地想到寻求法律帮助，通过合法途径解决纠纷，从而维护社会的公平正义和法治秩序。

2.对提升社会治理水平的意义

社会治理不仅仅是政府的责任，更需要社会各界的共同参与。公共法律服务与多元纠纷解决机制的融合，正是社会力量参与社会治理的重要体现。通过提供便捷、高效的公共法律服务，政府能够引导民众通过合法途径解决纠纷，减少社会矛盾的激化。同时，多元纠纷解决机制为民众提供了更多的选择空间，使得纠纷解决更加符合当事人的实际需求和期望。这种以人为本的纠纷解决方式，不仅能够提高纠纷解决的效率和满意度，而且能够增强民众对政府的信任和支持。此外，在多元纠纷解决机制中，各种创新性的纠纷解决方法层出不穷，如在线调解、仲裁等。这些方法不仅提高了纠纷解决的效率，而且降低了纠纷解决的成本。同时，公共法律服务体系的完善为这些创新方法的推广和应用提供了有力的支持。

二、公共法律服务与多元纠纷解决机制的融合策略

（一）建立以调解为先导的纠纷解决流程

1.理念与实践的融合

调解作为一种非对抗性、协商性的纠纷解决方式，强调通过平和对话与妥协达成共识，既能够减轻法院负担，又能满足当事人快速、低成本解决纠纷的需求。在此背景下，将调解作为纠纷解决的首选方式，不仅体现了对和谐社会的追求，而且反映了法治精神的升华。在实践中，建立以调解为先导的流程需要法律工作者的积极引导和社会各界的广泛参与。法院、司法行政机关以及各类调解组织应当形成合力，通过普法宣传、案例分析等方式，提升公众对调解

的认知度和信任度。同时，调解员队伍的建设至关重要，公民需要具备专业的法律知识和丰富的调解经验，能够公正、中立地引导当事人进行协商。此外，调解机制的完善需要与诉讼程序形成有效衔接。对于那些通过调解无法达成一致的纠纷，应当及时转入诉讼程序，确保当事人的合法权益得到保护。这种以调解为先导、诉讼为后盾的纠纷解决模式，既能够充分发挥调解的灵活性和高效性，又能够保障法律的权威性和公正性。

2.社会效益与法治价值的双赢

从社会效益角度来看，调解作为一种非诉讼纠纷解决方式，能够大大降低纠纷解决的成本和时间消耗。它避免了冗长复杂的诉讼程序，使得当事人能够迅速从纠纷中解脱出来，恢复正常的生活和工作秩序。这对于维护社会稳定、促进经济发展具有重要意义。同时，在许多情况下，纠纷双方并非真的势不两立，而是由于缺乏有效的沟通渠道和协商机制才导致矛盾激化。调解为双方提供了一个平等对话的平台，使得双方能够在第三方引导下理性表达自己的诉求，寻求共同的解决方案。从法治价值角度来看，调解为先导的纠纷解决流程并不违背法治原则，反而是在法治框架内的一种创新实践。它强调了法律的引导作用和当事人的主体地位，使得纠纷解决更加符合法治精神。通过调解达成的协议具有法律效力，能够保障当事人的合法权益不受侵犯。

（二）强化法律援助在纠纷解决中的作用

1.法律援助对纠纷解决机制的专业支撑

法律援助作为纠纷解决机制中的重要组成部分，以其专业的法律知识和严谨的服务态度，为纠纷的公正、高效解决提供了有力支撑。在纠纷解决过程中，法律援助发挥着不可或缺的作用。法律援助提供者通常具备深厚的法律素养和丰富的实践经验，能够准确理解纠纷双方的权利和义务，为纠纷的解决提供有力的法律支撑。无论是民事纠纷还是刑事纠纷，法律援助提供者都能够根据法律规定和案件实际情况，为受援人提供恰当的法律建议和代理服务，确保纠纷的解决符合法律要求，维护社会公平正义。同时，在纠纷解决过程中，时间成本往往是一个不可忽视的因素。法律援助提供者通过高效的工作流程和专业的法律服务，能够迅速分析案情、梳理证据、制定解决方案，从而缩短纠纷解决的时间周期。此外，法律援助提供者能够协助纠纷双方进行沟通和协商，促进双方达成和解或调解协议，避免纠纷的进一步升级和恶化。此外，法律援助通过普及法律知识、提升公众法治意识等方式，为纠纷的预防和减少提供了重要支持。法律援助提供者不仅为受援人提供法律服务，而且通过举办法律讲座、开展法治宣传等活动，向公众普及法律知识，增强公众的法律素养和法治意识，这有助于促进社会的和谐稳定。

2.法律援助在纠纷解决中的创新与拓展

随着社会的进步和法治建设的深入，纠纷的形式和类型也在不断变化。传统的法律援助模式已经难以满足人民群众日益增长的纠纷解决需求。因此，法律援助提供者必须不断创新服务方式和方法，以更好地适应纠纷解决的需求。例如，既可以探索建立线上法律援助平台，利用互联网和智能技术为群众提供更加便捷、高效的法律援助服务；也可以推动法律援助与调解、仲裁等非诉讼解决方式的有机结合，形成多元化、综合性的纠纷解决机制。同时，除了传统的民事诉讼、刑事诉讼等领域外，法律援助可以拓展到劳动纠纷、家庭纠纷、知识产权纠纷等领域，为更多群众提供法律帮助。此外，法律援助提供者应不断提升自身的专业素养和服务能力，以提供更加优质、高效的法律援助服务。

（三）利用科技手段提升公共法律服务与纠纷解决的效率

1.科技手段在提升公共法律服务效率中的应用

传统的法律服务模式往往受限于时间、地域以及人力资源等因素，难以快速、全面地满足广大民众的法律需求；而科技的引入则极大地改变了这一局面。一方面，互联网技术的普及使得法律服务得以突破地域限制。在线法律咨询平台、法律服务App等数字化工具，使得民众可以随时随地获取法律知识和服务。无论是城市还是乡村，只要有网络覆盖的地方，都能享受到便捷的法律服务。这种模式的出现，不仅提高了法律服务的可及性，而且降低了民众获取法律服务的成本。另一方面，人工智能技术的应用进一步提升了公共法律服务的效率。通过机器学习和大数据分析，人工智能技术可以快速地处理大量的法律案例和法规条文，为民众提供精准的法律建议。同时，人工智能技术还能辅助律师和法官进行案件分析和判决预测，提高司法决策的准确性和效率。此外，一些先进的法律服务系统能进行自动化文档处理、案件管理等工作，极大地减轻了法律工作者的负担。除了上述应用外，科技手段在公共法律服务的多个环节发挥着重要作用。例如，通过区块链技术，可以确保法律文件的真实性和不可篡改性，提高法律交易的安全性；通过虚拟现实技术，可以模拟法庭场景，为民众提供更加直观、生动的法律教育体验。这些创新应用不仅丰富了公共法律服务的内涵，而且提升了其整体效率和质量。

2.科技手段在提高纠纷解决效率中的实践

纠纷解决作为社会和谐稳定的重要保障，其效率的高低直接关系到民众的生活质量和社会的整体运行。在这个背景下，科技手段的运用为提高纠纷解决效率提供了新的可能。一方面，科技手段在纠纷预防方面发挥了积极作用。通过大数据分析和预测模型，可以及时发现潜在的纠纷风险点，为相关部门提供预警信息，从而采取有针对性的预防措施。此外，智能化的法律咨询服务能帮助民众在纠纷发生前了解相关法律法规，避免不必要的误解和冲突。另一方面，在纠纷处理环节，科技手段同样展现出强大的潜力。电子证据采集与保存技术的应用，使得证据的收集和固定更加便捷、高效，提高了纠纷解决的效率和准确性。在线调解平台为双方当事人提供了更加灵活、便捷的调解方式，避免了传统调解方式中可能出现的时空障碍。同时，智能化的案件管理系统能够实现对案件信息的实时更新和共享，有助于各方及时了解案件进展，提高纠纷解决的透明度。除了上述应用外，科技手段在纠纷解决机制的创新中发挥着重要作用。例如，一些地区尝试利用区块链技术构建去中心化的纠纷解决平台，通过智能合约实现纠纷的自动处理和裁决。这种创新模式不仅提高了纠纷解决的效率，而且增强了裁决的公正性和可信度。

第三节　创新技术人才培养与法律服务队伍建设

一、创新技术人才培养路径

（一）创新技术人才培养的必要性

1.掌握先进的技术

（1）创新技术人才培养与科技进步的紧密联系。在当今科技飞速发展的时代背景下，技术的更新换代速度极快，要想在激烈的国际竞争中立于不败之地，就必须拥有一支具备高度创新能力和技术实力的专业人才队伍。这样的队伍能够不断追踪全球科技前沿，掌握最先进的技术知识，从而推动国家科技事业的持续进步。创新技术人才的培养，不仅关注专业知识的传授，更加注重实践能力的提升和创新思维的培养。通过系统的专业训练和实践操作，这些人才能够熟练掌握先进的技术工具和方法，具备解决实际问题的能力。同时，技术创新人才能在实践中不断发现问题、提出问题，并运用所学知识和技术进行创新性的研究和探索，不仅有助于提升个人的技术水平和综合素质，更能为国家的科技创新和产业升级提供源源不断的智力支持。此外，随着科技的不断发展，各领域之间的交叉融合日益加深，许多问题的解决需要多学科的知识和技术。因此，培养具有跨学科背景的创新技术人才显得尤为重要，创新技术人才能够从不同的角度审视问题，提出新颖的解决方案，从而推动科技的不断突破和发展。

（2）创新技术人才培养对于国家发展的战略意义。一个国家的核心竞争力在很大程度上取决于其科技创新能力，而科技创新能力的核心则是高素质的创新技术人才。这些人才不仅具备深厚的专业知识，而且拥有敏锐的市场洞察力和强烈的创新意识，能够引领和推动国家科技产业的快速发展。拥有大量创新技术人才，意味着国家在科技创新、产业升级、经济发展等方面拥有了更多的优势和话语权。这些人才能够为国家带来先进的科技成果，推动产业结构的优化升级，提高国家的综合国力和国际竞争力。同时，随着资源的日益紧缺和环境的不断恶化，传统的发展模式已经难以为继。只有通过科技创新，才能实现经济、社会和环境的协调发展。创新技术人才正是推动这一转型的重要力量，他们能够研发出更加环保、高效的技术和产品，为国家的可持续发展提供有力的技术支撑。

2.推进公共法律服务更为智能化

（1）技术创新人才对公共法律服务智能化的推动作用。随着科技的飞速发展，人工智能、大数据、云计算等前沿技术不断融入法律服务领域，为公共法律服务提供了全新的智能化解决方案。技术创新人才以深厚的专业知识和敏锐的洞察力，成为推动这一变革的核心力量。技术创新人才通过研发智能化法律服务系统，提升了公共法律服务的效率和质量。通过运用人工智能技术，来构建智能问答、智能推荐等系统，使群众能够随时随地获取法律知识和服务。同时，大数据技术的应用使得法律服务更加精准，通过对海量数据的分析和挖掘，系统能够为用户提供更加个性化的法律建议。此外，云计算技术的引入使得法律服务资源得以共享，优化了资源配置，提高了服务效率。技术创新人才通过优化法律服务流程，提高了公共法律服务的便捷性和可及性，通过运用流程再造理念，对传统的法律服务流程进行改造，减少了不必要的环节和等待时间。同时，技术创新积极推动线上法律服务平台的建设和完善，为群众提供了更加便捷的线上服务渠道。这些举措不仅降低了群众获取法律服务的成本，而且提高了法律服务的普及率和满意度。不仅如此，技术创新人才在公共法律服务智能化进程中，发挥了引领和示范作用，通过分享经验、交流技术、推广成果等方式，带动了整个法律服务行业的创新发展。

（2）公共法律服务智能化对技术创新人才的新要求。智能化法律服务系统需要更为精细化的技术支持和更为人性化的设计理念，这要求技术创新人才不仅具备扎实的专业知识，而且需具备跨学科的视野和创新的思维。对此，教育机构应加强与法律服务机构的合作，共同制定培养方案，确保人才培养的针对性和实效性。在课程设置上，应注重跨学科知识的融合，培养学习者的综合素质和创新能力。同时，应加强实践教学环节，让学习者在实际项目中锻炼技能、积累经验。此外，各类法律服务机构应积极引进和培养技术创新人才，为公民提供充足的资源和支持。同时，应建立完善的激励机制，激发技术创新人才的积极性和创造力。在培养技术创新人才过程中，应注重培养其法律素养和职业道德。技术创新人才在推动公共法律服务智能化的同时，承担着维护社会公平正义、保障群众合法权益的重要使命。因此，技术创新人才必须具备扎实的法律知识和高尚的职业道德，以确保技术创新在法律服务领域得到正确应用。

（二）创新技术人才培养策略

1.跨学科教育与实践结合

在培养创新技术人才过程中，跨学科教育显示出不可或缺的重要性。特别是在公共法律服务领域，这种重要性更为凸显。公共法律服务不仅要求从业人员具备扎实的法律知识，而且需要公民熟练掌握信息技术、人工智能等前沿科技。这意味着，传统的单一学科教育模式已经无法满足这一行业对人才全面性和创新性的需求。教育机构在面临这种多元化、综合性的培养要求时，必须打破固有的学科框架，实施跨学科教育。通过设置融合了法律、信息技术、人工智能等多个学科的课程，教育机构可以为学习者提供更为宽广的知识视野。在这样的教育环境下，学习者不再局限于某一学科的专业知识，而是能够接触并学习到多个领域的内容。这种跨学科的学习经历有助于学习者形成更为全面的知识结构，使其能够从不同的角度审视和解决问题。不仅如此，当不同领域的知识相互碰撞、交融时，往往能够产生新的思考角度和解决问题的方法。这种创新思维的培养，对于公共法律服务领域来说尤为重要。因为在这个行业中，从业人员经常需要面对复杂多变的问题和挑战，只有具备了跨学科的知识背景和创新能力，才能够更好地应对这些挑战，提出富有创意的解决方案。与此同时，理论知识的学习固然重要，但只有通过实践，学习者才能够真正理解和掌握这些知识，并将其转化为解决实际问题的能力。因此，教育机构应该积极寻求与业界的合作，为学习者提供参与实际项目的机会。通过参与实际项目，学习者可以亲身感受到公共法律服务领域的真实运作情况，了解行业内的最新动态和发展趋势。这种实践经验不仅能够帮助学习者更好地理解和运用所学知识，而且能够锻炼其实际操作能力，提升其职业素养。更重要的是，通过实践，学习者能够更加清晰地认识到自己的不足和需要改进的地方，从而在未来的学习和工作中更加有针对性地进行提升。

2.强化创新思维与批判性思维的培养

创新思维的培养，旨在激发学习者的创造力，使学习者能够跳出传统思维的框架，勇于挑战现有的观念和做法，提出新颖、独特的观点和方法。为了实现这一目标，教育机构可以采用多种方式。例如，通过引导学习者进行头脑风暴，鼓励其自由联想、发散思维，从而激发出新的想法和创意。此外，可以组织学习者参加创新实践项目，让其在实践中尝试新的方法，探索未知的领域，这种实践性的学习方式对于培养学习者的创新思维具有显著的效果。与此同时，批判性思维的培养同样重要。批判性思维是一种理性、反思性的思维方式，它要求学习者能够独立思考，不盲目接受现成的结论，而是学会分析问题、评估信息的真伪、判断观点的合理性。为了培养学习者的批判性思维，教育机构可以通过案例分析的方式，让学习者深入剖析实际案例，从中发现问题、提出质疑，并尝试提出自己的见解。此外，讨论和辩论是培养批判性思维的有效途径。在讨论和辩论中，学习者需要就某一议题发表自己的看法，并对他人的观点进行质疑和反驳，这一过程不仅能够锻炼学习者的口头表达能力，而且能够提高其思维敏锐度和批判性思维能力。除了上述方法外，项目研究是培养创新思维和批判性思维的重要方式。在项目研究中，学习者需要针对某一具体问题或现象进行深入的研究和分析，这要求其不仅要具备扎实的专业知识，而且需要具备创新思维和批判性思维。通过项目研究，学习者可以在实践中发现问题、提出问题，并运用所学知识去寻找解决问题的方法。这不仅能够提升学习者的知识水平，而且能够培养其创新思维和批判性思维，使学习者在面对复杂问题时，能够迅速找到切入点，提出有效的解决方案。

二、公共法律服务队伍建设策略

（一）公共法律服务队伍建设的必要性

1.提升法律服务质量与普及法律知识的需要

随着社会的快速发展，公众对法律服务的需求日益增长，这不仅仅局限于解决纠纷和法律问题，更包括预防法律风险、维护自身权益等多方面。一个专业、高效的公共法律服务队伍，能够提供及时、准确、全面的法律服务，帮助公众有效应对各种法律问题，从而提升整个社会的法治化水平。此外，公共法律服务队伍承担着普及法律知识的重任。通过日常的咨询、宣传、教育等活动，可以将复杂的法律知识以简明易懂的方式传达给公众，增强公众的法律意识，提升法律素养。这不仅有助于增强公众的自我保护能力，减少因不懂法而产生的纠纷和冲突，而且能为社会的和谐稳定贡献力量。因此，加强公共法律服务队伍建设，是提升法律服务质量和普及法律知识的迫切需要。随着队伍整体素质的提升，法律服务行业将更加注重职业操守和服务质量，形成良性竞争的环境。这将有助于提高法律服务的整体水平，使公众能够享受到更加优质、高效的法律服务。

2.促进社会公平正义与和谐稳定的基石

法律是维护社会公平正义的重要工具，而公共法律服务队伍则是这一工具的重要执行者。通过提供法律援助、法律咨询等方式，帮助弱势群体维护自身权益，确保法律的公正实施，从而促进社会的公平正义。同时，公共法律服务队伍在预防和化解社会矛盾方面发挥着不可或缺的作用，通过及时介入和调解，将有助于维护社会的和谐稳定，能够减轻社会治理的压力。此外，一支专业、公正、高效的公共法律服务队伍，能够增强公众对政府的信任和支持，从而提升政府的治理效能和社会影响力。因此，加强公共法律服务队伍建设，不仅是法治社会建设的内在要求，而且是促进社会公平正义与和谐稳定的基石。

（二）公共法律服务队伍建设路径

1.加强公共法律职业教育培训

在现代社会，法律作为维护社会秩序、保障公民权益的重要工具，其复杂性和变化性日益凸显。因此，加强公共法律职业教育培训显得尤为必要。定期举办的培训班和研讨会，不仅为法律服务人员提供了一个学习和交流的平台，更是推动法律服务人员不断提升业务水平的催化剂。这些活动以专业的视角，深入探讨法律服务中的热点、难点问题，使参与者能够深入了解法律实务的精髓。通过案例分析、模拟法庭等形式，法律服务人员能够更直观地感受法律的实际应用，从而加深对法律条文的理解与运用。此外，随着社会的不断进步，法律在不断完善和更新。培训班和研讨会能够及时传达最新的法律法规,确保法律服务人员能够跟上时代的步伐,为客户提供更为准确、专业的法律服务。组织参观交流、学术讲座等活动,进一步拓宽了法律服务人员的视野。通过与业内外的专家学者面对面交流,可以使之了解到不同领域的法律实践经验和理论成果,从而拓宽自己的知识边界。同时,这些活动为其提供了一个展示自我、交流心得的平台,有助于提升其综合素质和服务能力。对于法律服务人员而言,参加这些活动,不仅可以提升个人的业务水平和专业素养,更有助于其在实际工作中更好地应对各种复杂情况。通过不断学习和实践,能够更加准确地把握客户的需求,为客户提供更加专业、高效的法律服务。

2.完善评价与考核机制

通过建立科学的评价体系,可以全面、客观地评价法律服务人员的业绩、能力和道德操守,从而使法律服务队伍的整体素质得到有效保障。在构建科学的评价体系时,应充分考虑法律服务人员的多方面表现。业绩评价可以侧重于法律服务人员在具体案件处理中的成效和效率,考察其是否能够在规定时间内准确、高效地完成工作任务。能力评价更加注重法律服务人员的专业素养和业务能力,包括其法律知识的掌握程度、法律思维的敏锐性以及解决实际问题的能力等。同时,道德操守评价是不可或缺的一部分,它关乎法律服务人员的职业操守和道德标准,是评价其是否具备良好职业道德的重要依据。科学的评价体系不仅有助于全面、客观地评价法律服务人员的表现,而且能够激励其不断提升自身素质和能力。通过评价结果的反馈,法律服务人员可以清楚地了解自己在哪些方面存在不足,进而有针对性地进行改进和提高。同时,根据评价结果制定的个性化培养计划,可以更加精准地满足每个法律服务人员的成长需求,帮助其实现个人价值的最大化。对于在业绩方面表现突出的法律服务人员,可以进一步加强其业务能力和专业素养的提升,提供更多的实践机会和挑战性任务,以激发其创新能力和竞争意识。对于在能力方面有待提高的法律服务人员,可以安排有针对性的培训和学习机会,帮助其补齐短板、提升能力。对于缺乏道德操守的法律服务人员,应加强职业道德教育和引导,帮助其树立正确的价值观和职业观。

3.加强职业道德建设

职业道德是法律服务行业的基石，它关乎法律服务人员的职业形象、社会声誉以及公众信任度。强调法律服务人员的职业行为规范和道德操守具有十分重要的意义。法律服务人员的职业行为规范是其职业道德的重要组成部分。这些规范不仅是对法律服务人员行为的约束，更是其职业素质的体现。法律服务人员在处理案件、提供咨询、代理诉讼等过程中，应始终遵循法律法规，恪守职业道德，确保自己的行为合法合规。同时，应保持客观公正的态度，不受任何外部因素的干扰，独立自主地为客户提供优质的法律服务。作为法律行业的从业者，法律服务人员应具备高尚的道德品质，坚守法律道德底线，始终牢记自己的职业使命，以维护社会公平正义为己任，为客户提供专业、负责的法律服务。此外，应积极履行社会责任，参与公益法律服务活动，为社会和谐稳定贡献自己的力量。

为了加强职业道德建设，设立道德监督机构是一条有效的途径。这些机构可以负责对法律服务人员的职业道德进行监督和评估，及时发现并纠正违反职业道德的行为。同时，它们可以为法律服务人员提供职业道德方面的咨询和指导，帮助其更好地理解和遵守职业道德规范。另外，通过举办讲座、研讨会、培训班等形式，可以向法律服务人员传授职业道德理念，引导法律服务人员树立正确的价值观和职业观。此外，法律服务行业应建立完善的行业自律机制，制定严格的行业标准和规范，并可以鼓励法律服务人员积极参与行业组织和协会的活动，加强行业内部的交流和合作，共同推动职业道德建设的发展。

第五章

公共法律服务与法治教育普及

第一节　法治教育的重要性及其与公共法律服务的关联

一、法治教育的意义

（一）法治教育的基本概念

1.法治教育的定义与目标

法治教育，顾名思义，是关于法律制度、法律原则和法治精神的教育活动。它不仅涵盖了对国家法律法规的普及与传播，而且致力于培养公民对法律的尊重、理解和应用能力。法治教育的核心目标是塑造一个知法、懂法、守法的公民社会，确保每个个体都能明确自己的权利和义务，从而在日常生活和工作中能够依法行事，在维护自身权益的同时，不侵犯他人的合法权利。通过这样的教育，社会整体的法治意识和法律素养得到提升，为构建和谐、稳定、有序的社会环境打下坚实的基础。在法治教育中，强调的是法律的普及性、基础性和实践性。它不仅仅是对法律条文的简单传授，更重要的是让受教育者理解法律背后的原则和精神。通过这样的教育过程，人们不仅能够知晓法律的具体规定，而且能够在实际生活中灵活运用法律知识，解决实际问题。此外，法治教育注重培养公民的法律责任感，使每个人都能成为法治建设的积极参与者，共同推动社会的进步与发展。

2.法治教育在社会发展中的重要性

法治教育在社会发展中扮演着举足轻重的角色。它是构建法治社会的基石，为社会的和谐稳定提供了坚实的支撑。通过法治教育，公民能够明确自己的权利和义务，学会依法维权和履行责任。在一个法治社会中，法律是最高准则，是所有社会成员必须遵守的行为规范。而法治教育正是培养公民法治意识、传播法律知识的重要途径。通过法治教育，人们能够更好地理解法律的精神和原则，从而在日常生活中更加自觉地遵守法律，维护社会秩序。此外，法治教育承担着预防犯罪、减少社会矛盾的重要功能。当人们具备了足够的法律意识，就能更加理性地处理各种矛盾和冲突，避免采取违法手段来解决问题。这不仅有利于保护个人的合法权益，而且有助于维护社会的整体稳定。

（二）法治教育的基本特点

1.系统性与层次性相结合

系统性是指法治教育的内容、方法和目标构成了一个完整的教育体系，各个环节相互衔接、相互支撑，共同服务于法治人才的培养。层次性是指法治教育在不同阶段、针对不同受众有着不同的侧重点和深度，以满足不同群体对法律知识和法治精神的需求。在系统性方面，法治教育从基础的法律知识普及到深入的法治理念培养，形成了一个循序渐进的教育过程。从小学阶段开始的法律常识教育，到中学阶段的法律知识普及，再到大学阶段的法律专业教育，每个阶段都承载着特定的教育任务，共同构成了法治教育的完整体系。这种系统性不仅保证了法治教育的连贯性和一致性，而且确保了教育效果的累积和提升。在层次性方面，法治教育针对不同受众的特点和需求，设置了不同层次的教育内容和形式。对于普通公民，法治教育主要侧重于法律知识的普及和法治精神的培育；对于法律从业者，更注重法律专业知识和技能的培养；对于领导干部，强调法治思维和依法办事能力的提升。这种层次性使得法治教育能够更加精准地满足不同群体的需求，提高教育的针对性和实效性。

2.实践性与互动性相融合

实践性强调法治教育不仅仅是理论知识的传授，更重要的是通过实践活动来加深对法律知识的理解和运用。互动性强调法治教育过程中的双向交流和互动，促进教育者与受教育者之间的沟通和合作。在实践性方面，法治教育注重将理论知识与实践活动相结合。通过模拟法庭、法律实践等活动，让学习者亲身体验法律运作的过程，增强对法律知识的感性认识和理性思考。不仅能够激发学习者的学习兴趣和积极性，而且能够提高其运用法律知识解决实际问题的能力。在互动性方面，教育者不再是单纯的知识传授者，而是成为引导者和促进者，通过提问、讨论等方式，提升学习者的思考和表达能力。学习者也不再是被动接受者，而是积极参与到教育过程中，发表自己的观点和看法。这种互动性的教育方式，不仅能够增强教育的吸引力和感染力，而且能够促进教育者与受教育者之间的理解和信任。

3.时代性与创新性相协调

时代性是指法治教育必须紧跟时代步伐，反映法治建设的最新成果和发展趋势。创新性是指法治教育在教育理念、教育内容和教育方法等方面要不断推陈出新，以适应时代发展的需要。在时代性方面，法治教育紧密关注法治建设的最新动态和热点问题。随着社会的快速发展和变革，新的法律问题不断涌现，法治教育需要及时将这些新问题纳入教育内容中，引导学习者关注和思考这些问题。同时，法治教育需要关注法治建设的最新成果和趋势，将这些成果和趋势融入教育中，使学习者能够了解法治建设的最新进展和方向。在创新性方面，法治教育不断探索新的教育理念和方法。传统的灌输式教育方式已经无法满足现代社会的需求，法治教育需要更加注重学习者的主体性和自主性。因此，许多创新的教育理念和方法应运而生，如案例教学、翻转课堂等，这些新的教育理念和方法不仅能够提高学习者的学习兴趣和积极性，而且能够提高教育的质量和效果。

（三）开展法治教育的意义

1.法治教育是实现"立德树人"根本任务的基本条件

法治教育在实现"立德树人"根本任务中，占据着举足轻重的地位。作为现代教育体系的重要组成部分，它不仅关乎个体的法律素养提升，更是塑造社会主义核心价值观、培养合格公民的重要途径。通过法治教育，可以系统地传授法律知识，引导学习者理解并认同法律的权威性、公正性和普遍性，从而在内心深处树立起对法治的信仰和敬畏。这种信仰和敬畏是立德树人的重要基石，它促使学习者自觉遵守法律规范，积极履行法律义务，同时懂得依法维护自身权益。在法治教育的熏陶下，学习者的道德观念得以升华，法治精神与道德素养相辅相成，共同构筑起个体的完善人格。法治教育不仅要求学习者掌握法律知识，更强调法治意识的培养和法治思维的训练。这种教育和训练，有助于学习者形成独立思考、明辨是非的能力，提升其社会责任感和公共意识。因此，法治教育是实现"立德树人"根本任务不可或缺的一环，它通过法律知识的传授、法治意识的培养和法治思维的训练，为学习者成长为有理想、有道德、有文化、有纪律的社会主义合格公民奠定了坚实的基础。此外，法治教育在培养学习者批判性思维、创新能力以及社会责任感方面也发挥着重要作用。通过学习法律案例、模拟法庭审判等实践活动，学习者能够更加深入地理解法律条文背后的社会价值和道德原则，进而对现实世界中的复杂问题保持敏锐的洞察力和判断力。同时，法治教育强调对个人权利与自由的尊重和保护，这与"立德树人"根本任务中培养具有独立人格、自由精神的现代公民目标高度契合。通过法治教育，学习者能够明确自己的权利和义务，学会在尊重他人权利的基础上，表达自己的观点和诉求，从而形成积极、健康、平和的社交方式。

2.法治教育是实现依法治国方略的必由之路

在法治社会构建过程中，法治教育扮演着至关重要的角色，它不仅是普及法律知识、传播法治精神的重要途径，更是培养公民法治意识、提升社会法治化水平的关键环节。法治教育通过系统传授法律知识，使公民了解国家的基本法律制度和法律体系，掌握法律的基本原则和规则。这有助于公民在日常生活中自觉遵守法律，依法维护自身权益，同时能够增强公民对法律的信任感和认同感。此外，法治教育注重培养公民的法治思维，即通过法律逻辑和法律方法来分析和解决问题。这种思维方式使公民在面对复杂社会现象时，能够理性地判断是非曲直，避免情绪化和极端化的行为。在法治社会构建过程中，法治教育发挥着不可替代的作用。它不仅能够提升公民的法律素养，而且能够推动社会整体的法治化进程。通过法治教育，可以引导公民树立正确的法治观念，增强法治意识，从而在全社会形成尊法学法守法用法的良好氛围。这种氛围的形成，有助于减少社会矛盾和冲突，维护社会稳定和谐。

在全球化背景下，各国之间的法治交流和合作日益频繁。通过法治教育，可以增进不同国家之间对彼此法律制度和法治实践的了解和认同，促进国际法治的发展和完善。而法治教育的实施也面临着一些挑战和困难。一方面，由于地域、文化、经济等因素的差异，法治教育的普及程度和效果可能存在差异。另一方面，随着社会的快速发展和变革，新的法律问题不断涌现，法治教育需要不断更新和完善教育内容和方法，以适应时代发展的需要。因此，为了充分发挥法治教育在实现依法治国方略中的重要作用，要加强法治教育的顶层设计，制定科学的教育规划和实施方案。还要创新法治教育的方式方法，注重理论与实践相结合，提高教育的针对性和实效性。

3.法治教育是确保市场经济健康稳定运行的基础

市场经济本质上是一种法治经济，其高效、有序的运行离不开法治的规范和保障。法治教育通过普及和传播法律知识，提升市场主体的法治意识和法律素养，从而确保市场交易的公平性和正当性。它强化了市场参与者对法律规则的认知，使得各方能够在明确的法律框架内进行经济活动。在市场经济环境中，法治教育的作用不仅限于规范市场主体的行为，更在于营造一种公平竞争的市场氛围。通过法治教育，市场主体能够更加清晰地认识到自身权利和义务的界限，自觉遵守市场规则，维护市场竞争的公平性。此外，市场经济中的每次交易都建立在信任的基础之上，而信任的来源正是市场主体的诚信和责任感。法治教育通过强调法律的威严和不可侵犯性，引导市场主体树立起对法律的敬畏之心，进而在经济活动中坚守诚信原则，履行合同约定，为市场经济的稳定运行提供有力支撑。同时，在市场经济中，风险无处不在，而法律风险是其中不可忽视的一部分。通过法治教育，市场主体可以更加深入地了解法律规定，增强对法律风险的识别和防范能力。

二、法治教育与公共法律服务之间的关系

（一）法治教育是公共法律服务的基础

1.法治教育提升公民法治意识，为公共法律服务筑牢基础

法治教育作为培养公民法律意识的重要途径，其深远意义不仅在于传授法律知识，更在于塑造公民对法律的尊重和信仰。通过系统、全面的法治教育，公民能够深入了解法律体系的基本框架，明确自身在法律关系中的定位，进而提升对法律规范的认同感和遵守法律的自觉性。在公共法律服务体系中，公民的法律意识是服务有效性的关键。当公民具备较高的法律意识时，便能够更加主动地寻求法律援助，合理运用法律手段来维护自身权益。同时，法律意识强的公民更能理解法律服务人员的专业建议，从而提高服务效率和质量。法治教育在这一过程中起到了至关重要的作用，它不仅增强了公民对法律的认知和信任，而且为公共法律服务体系的完善和优化注入了动力。此外，法治教育通过培养公民的法律责任感，促进了社会的和谐稳定。公民在了解法律的同时，也明确了自己的社会责任和义务，这对于减少社会矛盾具有积极意义。

2.法治教育增强公民法律素养，提升公共法律服务效果

公民具备较高的法律素养，意味着在面对法律问题时，能够做出更为明智和合理的决策，这对于提高公共法律服务的效果至关重要。在公共法律服务过程中，公民的法律素养直接影响着服务的效率和结果。一个具备良好法律素养的公民，能够更清晰地阐述自己的法律需求，更准确地理解法律服务人员的专业意见，从而加速问题的解决。同时，公民更懂得如何收集证据、保护自身权益，这在很大程度上提升了法律服务的效果。法治教育还在培养公民的法律实践能力方面发挥着重要作用。通过模拟法庭、法律援助等实践活动，公民能够亲身体验法律程序的运作，学习如何运用法律知识解决实际问题。这种实践经验在公共法律服务中极为宝贵，它使得公民能够更加自信、从容地面对法律挑战，提升法律服务的整体质量。因此，法治教育通过增强公民的法律素养，为公共法律服务效果的提升奠定了坚实的基础，为社会法治建设提供了有力支撑。

（二）公共法律服务是法治教育的实践平台

1.法律知识普及的生动课堂

在法治社会构建过程中，公共法律服务以特有的方式，为公民提供了一个深入了解法律、亲身感受法治魅力的平台。这一平台通过提供法律知识普及服务，使公民在解决实际问题的同时，也能够在实践中学习和掌握法律知识，从而加深对法治精神的理解和认同。公共法律服务在普及法律知识方面发挥着不可替代的作用。它通过举办法律讲座、发放法治宣传资料、开展法律咨询等多种形式，向公民普及法律基础知识，帮助公民了解国家的基本法律制度和法律体系。这种普及教育不仅仅是理论上的传授，更是结合具体案例和实践经验进行的生动讲解，使公民能够更加直观地理解法律条文背后的含义和逻辑。在公共法律服务过程中，当公民遇到法律问题时，可以通过公共法律服务获得专业的法律建议和援助。这些服务不仅帮助公民解决了实际问题，更让公民在实践中深刻体验到法律对于维护社会公平正义、保障个人权益的重要作用。这种亲身体验的法治教育方式，往往比单纯的理论教育更加深入人心，更能够让公民真切地感受到法治社会的温暖和力量。在接受服务过程中，公民可以与法律服务人员进行面对面的交流和沟通，提出自己的疑问和看法，获得针对性的解答和指导。此外，公共法律服务能够根据公民的实际需求和反馈，不断调整和优化服务内容与方式。这有助于更好地满足公民的法律学习需求，为法治教育的深入开展提供有力的支持。

2.法律援助与咨询中的法治教育深化

通过公共法律服务，公民能够在解决实际问题的同时，深化对法治精神的理解，提升运用法律来解决问题的能力。法律援助是公共法律服务的重要组成部分，它为那些经济困难或特殊情况的公民提供了必要的法律帮助。在法律援助过程中，法律服务人员不仅为受援人提供法律知识和策略，更在潜移默化中传递着法治精神。受援人在接受援助过程中，能够亲眼见证法律如何维护公平正义，如何保障个人权益，从而深化对法治价值的认识。公民在面对法律问题时，往往感到困惑和无助，而法律咨询则为其提供了一条寻求帮助、解决问题的途径。在咨询过程中，法律服务人员会耐心倾听公民反映的问题，为公民提供专业的法律建议和指导。这不仅有助于解决公民的实际问题，更能够使公民在解决实际问题过程中深化对法律的理解和应用。由于公共法律服务是针对公民的具体法律问题进行服务的，因此它能够根据公民的实际需求和情况，提供个性化的法治教育。这种教育方式比传统的课堂教育更加贴近公民的生活实际，更能够引起公民的共鸣和兴趣。此外，公共法律服务能够通过案例分析、模拟演练等方式，帮助公民更好地理解和应用法律知识。这些实践性的教学方式不仅能够增强公民的学习效果，更能够提升公民的法治素养和法治思维。

（三）法治教育与公共法律服务共同促进法治社会的建设

1.法治教育是法治社会建设的基石

法治教育的核心在于普及法律知识，传播法治理念。通过系统的法治教育，公民能够了解法律的基本原则、规则和制度，掌握依法维权的途径和方法。这种教育不仅让公民知晓法律的存在，更让公民理解法律的价值和意义，从而在内心深处形成对法律的尊重和信任。同时，法治思维是一种运用法律逻辑和法律方法分析和解决问题的思维方式。通过法治教育，公民能够学会运用法律武器维护自身权益，解决社会矛盾，促进社会和谐。此外，法治教育具有社会化功能。它能够通过家庭教育、学校教育、社会教育等多种渠道，将法治理念和法律知识传递给每个社会成员，从而在整个社会中形成尊法学法守法用法的良好氛围。这种氛围的形成，能够推动整个社会朝着法治化方向迈进，为法治社会的建设提供有力的支撑。

2.公共法律服务是法治社会建设的重要保障

无论是法律咨询、法律援助，还是法律调解、法律公证，公共法律服务都为公民提供了便捷、高效的法律支持。这种支持不仅解决了公民的实际问题，更增强了公民对法律的信任和依赖，进一步推动了法治精神在社会的普及和深化。通过提供专业的法律服务，公共法律服务能够促进社会公正。它能够在公民之间搭建起沟通的桥梁，让双方在法律框架内解决分歧，避免矛盾的升级和激化。这种作用不仅有利于维护社会的稳定和谐，而且为法治社会的建设提供了有力的保障。此外，在提供法律服务过程中，公共法律服务机构不断总结经验，创新服务方式，提高服务质量。因此，公共法律服务在法治社会建设中扮演着重要的角色。它不仅是法治教育成果的体现，更是法治精神在社会实践中的具体运用。通过加强公共法律服务建设，可以为法治社会的建设提供更加坚实的保障，推动社会朝着更加公正、和谐、稳定的方向发展。

第二节　公共法律服务在法治教育中的角色

一、公共法律服务在法治教育中的作用

（一）通过提供实践平台增强法治教育的实效性

1.公共法律服务作为法治教育实践平台的独特价值

公共法律服务作为社会治理的重要组成部分，其在法治教育中的独特价值不容忽视。特别是作为实践平台，公共法律服务为法治教育提供了宝贵的实景演练场所，使得学习者能够在真实的法律环境中亲身体验、学习并应用法律知识。在这一过程中，学习者不再仅仅是纸上谈兵，而是能够直接参与到法律问题的解决过程中，从而更深刻地理解法律的条文与精神。这种以实践为基础的学习方式，极大地提高了法治教育的实效性和针对性。通过接触不同类型的法律案件，学习者可以全面了解法律体系的运作机制，以及法律条文在实际操作中的应用与解读。这种全方位、多角度的学习体验，不仅有助于提升学习者的法律素养，更能培养其独立思考和解决问题的能力。因此，公共法律服务作为法治教育的实践平台，其独特价值在于为学习者提供了一种真实、生动、全面的法律学习环境，从而显著增强了法治教育的实效性。

2.通过公共法律服务实践平台培养法治精神

公共法律服务实践平台不仅提供了法律知识的学习机会，更是培育法治精神的重要平台。在这个平台上，学习者通过亲身参与法律实践，能够深刻感受

到法律的庄严和权威，从而在内心深处树立起对法律的敬畏之心。通过公共法律服务实践平台的锻炼，学习者不仅能够提升个人的法律素养，更能在实践中学会如何运用法律武器维护社会公正与秩序。因此，公共法律服务实践平台在培养法治精神方面发挥着不可替代的作用，它通过让学习者亲身参与法律实践，使其在实践中学习、感悟并践行法治精神，从而为社会培养出更多具备法治精神的人才，推动社会的法治化进程。同时，随着越来越多的人通过实践平台参与到法治教育中来，社会对法治教育的认识和重视程度也将不断提高。

（二）通过普及法律知识扩大法治教育的覆盖面

1.构建全民法治意识的基础

公共法律服务通过多渠道、多形式的法律普及活动，将法律知识传递给广大公民。无论是线下的法律咨询、法律援助，还是线上的法律宣传、法治讲座，都是法律知识普及的重要途径。这些活动不仅向公民传授了法律的基本概念、原则和制度，而且引导公民了解法律在日常生活和工作中的实际应用。通过参与这些活动，公民能够逐步建立起对法律的基本认知，认识到法律对于维护社会秩序、保障个人权益的重要性。公共法律服务在普及法律知识过程中，注重与公民的实际需求相结合。它根据公民的不同需求和情况，提供个性化的法律服务和教育，使得法律知识普及更加贴近公民的生活实际，更能够引起公民的共鸣和兴趣。同时，通过公共法律服务的努力，法律知识得以广泛传播，法治教育覆盖面不断扩大。越来越多的公民开始关注法律、学习法律，公民的法治意识也在不断提高。这种全民法治意识的提升，为法治社会的建设奠定了坚实的基础。

2.营造全社会尊法学法守法用法的氛围

在日常生活和工作中，公民会遇到各种法律问题，而公共法律服务为公民提供了解决问题的途径和方法。通过接受公共法律服务，公民逐渐认识到法律是解决纠纷、保障权益的有力武器，从而更加尊重和信任法律。同时，公共法律服务通过法律宣传和教育活动，引导公民树立法治观念，增强法治意识。这些活动以案说法、以案释法，通过生动的案例和深入浅出的讲解，让公民更加直观地感受到法律的力量和法治的重要性。在这种氛围熏陶下，公民开始主动学习和掌握法律知识，积极运用法律武器维护自身权益，推动全社会形成尊法学法守法用法的良好风尚。

（三）通过强化大众法治意识丰富法治教育内涵

1.大众法治意识增强对法治教育内涵的深化

法治意识不仅仅是对法律条文的认知，更包括对法治价值的理解和法治精神的领悟。当大众的法律意识得到提升时，人们会更加自觉地遵守法律，维护法律的尊严和权威，这种自觉的行为本身就是对法治教育最好的实践。传统的法治教育往往侧重于法律知识的传授，而忽视了法治意识的培养。当大众的法治意识得到提高后，法治教育不再仅仅停留在知识的传递上，而是更加注重对法治价值的阐释和法治精神的培养。这种深化不仅使得法治教育更加全面，而且使其更加贴近实际，更能满足社会的需求。此外，为了适应大众对法律知识的需求，法治教育不再局限于传统的课堂教学，而是向社区、网络等更广阔的领域延伸。这种多元化的教育方式，不仅提高了法治教育的可及性，而且使得法治教育的内涵更加丰富和多样；不仅提升了法治教育的实践性和全面性，而且推动了法治教育方式的创新和发展。

2.法治教育在提升大众法治意识中的核心作用

法治教育不仅仅是向大众传授法律知识，更重要的是引导大众理解法律背后的价值观和精神内核。在这个过程中，法治教育通过生动的案例、深入的分析，帮助大众理解法律的公正性、权威性和必要性，从而使其对法律产生深厚的敬畏感和认同感。当大众对法律有了更深的理解和认同时，其法治意识自然而然地得到提升。同时，法治教育通过各种实践活动，如模拟法庭、法律援助等，让大众亲身参与法律问题的解决过程，从而更深刻地体验到法律的威力和作用。这种实践性的法治教育，不仅增强了大众的法治意识，而且提高了其运用法律武器保护自身权益的能力。

二、公共法律服务在法治教育中的价值体现

（一）公共法律服务有助于推动法治教育的普及化

1.法律咨询与法律援助的实践平台

法律咨询与法律援助作为公共法律服务的重要组成部分，不仅为公民提供了解决法律问题的途径，更为法治教育搭建了一个生动的实践平台。法律咨询作为公民与法律之间的桥梁，让公民能够直面法律问题，了解法律在实际生活中的运用。在公共法律服务机构，公民可以就日常生活中的法律问题寻求专业解答，从而更加直观地感受到法律的存在与影响。这种面对面的交流方式，使得公民能够深入了解法律条文的含义，掌握法律适用的技巧，同时能够感受到法律人的专业与严谨。在法律援助过程中，公民可以获得律师的免费代理，通过法律途径维护自身合法权益，这不仅让公民深刻体会到法律的力量，更让其认识到法治社会对于保障公民权益的重要性。通过法律咨询与法律援助的实践，公民能够亲身体验到法律的实际运行过程，了解法律在解决社会问题、维护社会秩序方面的作用，这有助于公民形成正确的法治观念，增强公民的法律意识和法治信仰。此外，公共法律服务通过举办法律讲座、开展法治宣传等活动，为公民提供了更多了解法律、学习法律的机会。这些活动不仅丰富了法治教育的内容和形式，而且扩大了法治教育的影响力和覆盖面。因此，公共法律服务通过法律咨询与法律援助的实践平台，为法治教育提供了丰富的实践资源，有助于公民更好地理解和掌握法律知识，提高其法律素养和实践能力，为法治社会的建设和发展奠定坚实的基础。

2.法律宣传的社会化普及与法治文化的深入人心

法律宣传作为公共法律服务的重要一环，以其广泛而深入的影响力，为法治教育注入了源源不断的活力。法律宣传通过多样化的形式和渠道，将法律知识普及到社会的每个角落。法律宣传在普及法律知识的同时，也在传递法治精神，培育法治文化。通过宣传法治理念、法治故事和法治成果，法律宣传让公民深刻感受到法治社会的优越性和必要性，从而自觉树立法治信仰，遵守法律法规。公共法律服务通过法律宣传，实现了法治教育的社会化普及和法治文化

的深入人心。在公共法律服务的推动下，法治教育不再局限于课堂和书本，而是融入社会的每个角落，成为公民日常生活的一部分。同时，随着社会的不断进步和法治建设的深入推进，公共法律服务在不断探索新的宣传方式和手段，以更加生动、有趣的形式吸引公民参与到法治教育中。这种创新不仅丰富了法治教育的内容和形式，而且提高了法治教育的针对性和实效性。

（二）公共法律服务为法治教育提供了有效的反馈机制

1.公共法律服务反馈机制对法治教育的指导作用

公共法律服务作为一个开放的平台，每天都在与各式各样的法律问题正面交锋，从中收集到的公民法律需求和反馈，无疑为法治教育提供了宝贵的实战数据与经验。这些真实的法律案例和需求，不仅仅是法律服务改进的依据，更是法治教育内容和方法调整的重要参考。通过深入剖析这些反馈，法治教育者可以洞察到公民在法律认知上的盲点和误区，从而针对性地设计教育内容，以更加符合公民实际需求的方式普及法律知识。公共法律服务的反馈机制，实际上为法治教育搭建了一座桥梁，连接了理论与实践、需求与教学。在这座桥梁上，每次法律服务都像是一次"考试"，检验着法治教育的成果。而公民的反馈如同"答卷"，直观展示了法治教育的效果。法治教育者可以根据这些"答卷"调整教学策略，使教育更加贴近民生、贴近实际。

2.法治教育与公共法律服务的良性互动

公共法律服务通过反馈机制，不断地为法治教育提供着鲜活的素材和改进的方向；而法治教育则通过系统的教学和普及工作，提升着公民的法律素养，使得公民在面对法律问题时，能够更加明智和从容。这种良性互动形成了一种双赢的局面：一方面，公共法律服务因为反馈机制而得以不断完善和提升，更好地服务于公民；另一方面，法治教育也因为这种实时的反馈而变得更加生动和实用，更能够吸引和感染学习者。在这种互动过程中，法治不再是高高在上的理论，而是融入了公民的日常生活，成为其解决实际问题的有力工具。随着社会的快速发展和法律环境的不断变化，法治教育需要与时俱进，不断更新其教学内容和方式。而公共法律服务所收集到的最新法律问题和公民反馈，正好为法治教育提供了更新的依据，使法治教育能始终保持前瞻性和实用性。

三、公共法律服务推动法治教育的途径

（一）开展法治讲座与培训活动

1.法律意识的提升

在多元化的社会背景下，法律意识的培养显得尤为重要，它既关乎每个人的权利保障，也影响着社会秩序的稳定。通过公共法律服务开展法治讲座，可以深入普及法律知识，提升公民对法律的理解和认同。这样的讲座应当结合实际案例，生动展示法律意识在日常生活中的重要性，引导公众形成自觉守法、遇事找法、解决问题靠法的良好习惯。同时，讲座可以介绍如何正确行使权利、履行义务，以及如何通过法律途径维护自身合法权益，从而增强社会公众的法治意识和依法维权的能力。在法治社会建设中，每个人都既是参与者，也是受益者，法律意识的培养与实践是每个人对法治的贡献，也是个体在社会中自由而有尊严地生活的保障。法律是道德的底线，道德是法律的基础。通过讲座，可以引导公众理解法律与道德之间的内在联系，明白遵守法律不仅是对社会秩序的维护，更是个人道德素养的体现。此外，讲座可以介绍法律援助、法律咨询等公共法律服务资源，让公众了解在遇到法律问题时如何寻求帮助，进一步提升法律意识的实际效用。

2.以案例为镜，明智抉择

法律风险无处不在，无论是个人生活还是商业活动，都离不开法律的规范和保护。通过公共法律服务开展法治培训活动，可以深入探讨如何有效防范和应对法律风险，从而保护自身权益不受侵害。以案例为镜，可以从中汲取经验教训，学会在法律框架内做出明智的抉择。在培训过程中，通过分析真实案例，可以了解到各种法律风险的实际表现及其后果。比如，在合同签订过程中，如何识别并规避潜在的陷阱；在知识产权保护方面，如何采取有效措施防止侵权行为；在劳动纠纷中，如何依法维护自己的合法权益；等等。这些案例不仅能够帮助公民认识到法律风险的具体形态，而且能够指导公民在遇到类似

情况时如何做出正确的应对。此外，培训活动可以介绍一些实用的法律风险防范方法和应对策略。例如，建立完善的合同管理制度，确保合同的合法性和有效性；加强知识产权保护意识，及时申请专利、商标等权益保护；了解劳动法规定，合理处理劳动关系；等等。通过这些措施，可以有效降低法律风险，保护自身权益不受损害。

（二）利用公共法律服务强化法治教育建设

1.创新普法活动

法治教育建设需要创新普法活动，以适应社会发展和民众需求。公共法律服务应积极探索创新，开展形式多样的普法活动。可以通过开设法治讲座、法律知识竞赛、模拟法庭等形式，提高公众的法律意识和法律知识水平。针对不同群体的特点和需求，制订相应的普法计划，使普法活动更具针对性和实效性。通过建设法律服务网站、开通微信公众号、制作普法短视频等方式，扩大普法的覆盖面和影响力，使公众可以随时随地获取法律知识，提高普法的效率和便利性。并且应组织律师、法律工作者等深入社区、学校、企事业单位，开展法律咨询、法律援助等服务，提高公众对法律的信任度和认同感。不仅如此，通过法治文艺作品创作、法治文化展览等形式，让公众在欣赏文化作品的同时，接受法治教育，增强法治观念。

2.加强法律援助服务

法律援助服务是公共法律服务的重要组成部分，对强化法治教育建设具有重要意义。一方面，加大法律援助的宣传力度。通过多种渠道宣传法律援助的政策、范围和申请程序，提高公众的知晓率，让更多的人了解法律援助的作用和价值，引导公民在遇到法律问题时，主动寻求法律援助。另一方面，提高法律援助的服务质量。加强法律援助机构建设和人员培养，提高法律援助工作人员的专业素质和服务水平。为受援人提供优质、高效、便捷的法律援助服务，切实维护公民的合法权益。此外，建立健全法律援助与其他法律制度的衔接机制。加强法律援助与司法救助、公证服务、司法鉴定等的衔接配合，形成多元化的法律服务体系。为公众提供全方位、多层次的法律服务，推动法治教育建设深入开展。另外，利用信息化手段优化法律援助申请、受理和审批流程简化手续，提高工作效率。通过信息化建设不断改进法律援助工作，提高服务质量和水平。

第三节　创新法治教育模式与路径

一、创新法治教育模式的必要性

（一）创新法治教育模式是适应社会发展的需要

1.应对社会变革的法律挑战

在当今社会，随着科技的飞速进步和全球化的深入推进，社会结构和利益关系日益复杂，法律作为调整社会关系、维护社会秩序的重要工具，面临着前所未有的挑战。这使得创新法治教育模式尤为重要，它不仅是提升公民法治素养的必由之路，更是适应社会发展、应对法律挑战的迫切需要。一方面，社会变革带来了法律问题的多样化。从环境保护到网络安全，从知识产权保护到消费者权益保护，每个领域都涉及复杂的法律问题。传统的法治教育模式往往难以覆盖这些新兴领域，难以满足公民对于法律知识的全面需求。因此，创新法治教育模式需要紧跟时代步伐，及时将新兴领域的法律问题纳入教学内容，帮助公民更好地理解和应对这些挑战。另一方面，公民法治需求的增长也对法治教育提出了新的要求。随着法治建设的深入推进，公民对于法律的认知和理解逐渐加深，他们不再满足于仅仅了解法律条文，更希望了解法律背后的精神、价值和原则。因此，创新法治教育模式需要更加注重法治思维的培养和法治精神的传承，通过案例分析、角色扮演等实践教学方式，引导公民深入思考法律问题，形成正确的法治观念。此外，法律问题往往涉及政治、经济、文化等多个领域，需要综合运用多种学科的知识和方法进行解决。因此，法治教育需要与其他学科进行深度融合，共同构建跨学科的法治教育体系。这种融合不仅有助于提升法治教育的针对性和实效性，而且有助于培养具备综合素质和跨学科视野的法律人才。

2.提升公民法治素养与促进社会和谐

传统的法治教育模式往往局限于理论知识的传授，忽略了公民法治素养的实际提升，难以真正发挥法治在社会发展中的积极作用。因此，创新法治教育模式，注重公民法治素养的培养，成为适应社会发展、促进社会和谐的必然要求。法治社会需要公民具备基本的法律知识和法治意识，能够自觉遵守法律、维护法律尊严。通过创新法治教育模式，可以加强公民对法律条文的理解和掌握，培养其法律思维能力和法律实践能力。在法治社会中，公民之间的纠纷和冲突应当通过法律途径进行解决，通过创新法治教育模式，可以培养公民的法治信仰和法治精神，使其在面对矛盾和冲突时，能够理性对待、依法解决，从而促进社会和谐稳定。此外，法治文化作为法治社会的重要组成部分，对于提升公民法治素养、推动法治建设具有重要意义。通过创新法治教育模式，可以将法治文化融入教学内容和教学方式中，公民在接受法治教育过程中，受到法治文化的熏陶和感染，从而更加深入地理解和认同法治精神。

（二）创新法治教育模式是满足法治教育效果的需要

1.增强法治教育的实效性

传统的法治教育模式往往停留在知识灌输层面，难以有效激发公民的学习兴趣和积极性，法治教育的实效性大打折扣。因此，创新法治教育模式，成为满足法治教育效果需要的重要途径。创新法治教育模式的核心在于提升法治教育的实效性。这意味着法治教育不再仅仅局限于课堂讲授和法律条文的解读，而是更加注重实践与应用。通过引入案例分析、模拟法庭、法治游戏等生动有趣的教学方式，法治教育变得更加贴近实际、贴近生活。公民在参与这些实践活动过程中，能够亲身体验法律的实际运用，了解法律的运行机制，从而更加深入地理解和掌握法律知识。同时，每个公民的法律需求和认知水平都是不同的，这就需要法治教育根据不同群体的特点和需求进行差异化设计。通过开发针对不同年龄、职业、文化背景的法治教育课程，以及提供个性化的学习资源和辅导服务，创新法治教育模式，能够更好地满足不同公民的法律学习需求，提升法治教育的针对性和实效性。此外，法治教育不应当是单向的传授与接受过程，而应当是一个双向互动、合作共建的过程。通过组织公民参与法治实践活动、开展法治志愿服务、建立法治教育互助小组等方式，创新法治教育模式，促进公民之间的交流与合作，共同推动法治教育的深入发展。

2.培育公民法治信仰与法治思维

传统的法治教育往往停留于表面的法律知识传授，未能触及公民内心深处的法治认同与情感共鸣。创新法治教育模式对于满足法治教育效果需要、培育公民法治信仰与法治思维具有不可替代的作用。创新法治教育模式致力于培育公民的法治信仰。法治信仰是公民对法治理念的认同和信赖，是法治社会建设的重要精神支撑。通过引入法治文化元素、讲述法治故事、展示法治成果等方式，创新法治教育模式，能够将抽象的法治理念具象化、生动化，使公民在潜移默化中接受法治熏陶，逐渐树立起对法治的信仰和敬畏之心。通过案例分析、角色扮演、辩论讨论等实践教学方式，创新法治教育模式，能够引导公民学会运用法律知识分析问题、判断是非、解决纠纷，逐渐形成法治思维方式，这更能够推动社会整体法治化水平的提高。此外，法治教育不应当脱离实际、脱离生活，而应当与公民的日常生活紧密相连。通过关注社会热点、解读法律政策、解答法律疑问等方式，创新法治教育模式，能够将法治教育融入公民的日常生活中，使公民在亲身体验中感受到法治的力量和魅力。

（三）创新法治教育模式是推进法治建设的需要

1.引入多元化教育资源

可以邀请法律专家学者、法官、律师等专业人士参与法治教育。他们具有丰富的法律实践经验和专业知识，能够通过案例分析、法律解读等方式，生动形象地向学习者传授法律知识。利用现代信息技术，开展线上法治教育。通过建设法治教育网站、开通微信公众号、制作法治教育短视频等方式，扩大法治教育的覆盖面和影响力，使学习者可以随时随地获取法治教育资源，提高学习的自主性和便利性。此外，可以与社区、企业、社会组织等合作，开展法治实践活动。例如，组织学习者参观法院、检察院、律师事务所等法律机构，让学习者亲身体验法律运作过程；开展模拟法庭、法律辩论等活动，增强学习者的法治实践能力和思维能力。同时，引入多元化的教育资源可以包括编写适合不同年龄段学习者的法治教材、开发法治教育游戏等。通过多种途径和方式，激发学习者学习法律的兴趣和热情，提高法治教育的效果和质量。

2.推行互动式教育方法

互动式教育方法是创新法治教育模式的重要途径之一，能够有效提高学习者的参与度和学习效果。一种互动式教育方法是角色扮演。通过模拟真实的法律场景，让学习者扮演不同的角色，如法官、律师、当事人等，亲身体验法律的运用和解决问题的过程。角色扮演可以帮助学习者更好地理解法律程序和法律原则，培养学习者的法治思维和实践能力。另一种互动式教育方法是小组讨论。把学习者分成小组，针对某个法律问题进行讨论和分析。小组讨论可以促进学习者之间的思想交流和合作学习，培养学习者的批判性思维和表达能力。在讨论过程中，教师可以引导学习者从不同角度思考问题，提出合理的解决方案。此外，案例分析也是一种互动式教育方法。教师可以选择一些具有代表性的法律案例，组织学习者进行分析和讨论。通过对案例的研究，学习者可以更好地理解法律规则的适用和法律责任的承担，提高学习者的法律分析和解决问题的能力。除了以上方法，还可以运用游戏、竞赛等形式，增加法治教育的趣味性和吸引力。互动式教育方法能够充分调动学习者的积极性和主动性，使学习者在轻松愉快的氛围中学习法律知识，培养法治意识和法治观念。

二、创新法治教育模式的策略

（一）线上线下混合式法治教育

1.线上线下混合式法治教育的优势互补

线下教学提供了真实的师生互动环境，教师可以通过面对面的讲解、讨论和案例分析，深入剖析法律原理和实践应用，帮助学习者建立扎实的法律基础。同时，线下课堂是学生提问、讨论和模拟法律实践的重要场所，有助于培养学习者的法律思维和实践能力。线上教学突破了时间和空间的限制，为学习者提供了更为灵活的学习方式。通过网络平台，学习者可以随时随地访问丰富的学习资源，自主安排学习进度，进行个性化的学习。线上教学能通过多媒体技术，以视频、动画、图表等形式直观地展示法律知识，增强学习者的学习兴趣和理解能力。此外，线上教学平台的交互功能为学习者提供了与同伴、教师交流的机会，促进了学习的深度和广度。这种混合式的教学模式，不仅让学习者能够在线下课堂中获得直接的教学指导和实践机会，而且能够在线上环境中享受便捷的学习资源和个性化的学习体验。两者相辅相成，共同构成了全面、深入的法治教育体系。

2.线上线下混合式法治教育的实践与挑战

线上线下混合式法治教育在实践中展现了其独特的优势，但同时面临着一些挑战。从实践角度看，这种教育模式为学习者提供了更多的学习选择和灵活性，使得学习不再局限于传统的课堂环境。学习者可以根据自己的学习需求和兴趣，在线上和线下之间自由切换，获取更加丰富和多样的学习体验。而教学资源的整合和优化成为关键。教师需要精心设计和准备线上线下的教学内容，确保两者之间的衔接和互补，避免内容的重复或遗漏。学习者的学习自律性成为影响混合式教育效果的重要因素。在没有教师直接监督的线上学习环境中，学习者需要更强的自我管理和自我驱动能力，才能保持持续和有效的学习。此外，线上教学依赖于稳定、高效的网络和技术支持，任何技术故障都可能影响学习者的学习体验和效果。

（二）利用现代信息技术丰富法治教育内容

1.现代信息技术在法治教育内容呈现上的创新应用

现代信息技术以独特的优势，为法治教育内容的呈现带来了前所未有的创新。多媒体技术的运用，使得原本枯燥的法律条文变得生动起来。通过文字、音频、视频等多媒体元素的融合，法律知识不再是单调的文字描述，而是以更加直观、形象的方式展现出来。例如，通过动画演示法律案例，学习者可以更加清晰地了解案件的来龙去脉，理解法律判决的依据和逻辑。这种视觉化的呈现方式，不仅提升了学习者的学习兴趣，而且加深了其对法律知识的理解。此外，在线教育资源的共享，使得学习者可以随时随地学习法律知识，打破了时间和空间的限制。交互式的学习平台更是让学习者可以与老师、同学进行实时的交流和讨论，共同探索法律问题的深度和广度。不仅提高了学习者的学习效率，而且培养了其批判性思维和解决问题的能力。因此，现代信息技术在法治教育内容呈现上的创新应用，不仅丰富了教学手段，而且提升了教学效果。它让法律知识以更加生动、有趣的方式呈现在学习者面前，既激发了学习者的学习热情，也加深了学习者对法律的认同感。

2.现代信息技术在法治教育资源共享与互动中的价值

网络平台的普及使得优质的法治教育资源得以广泛传播，无论是名校的公开课，还是专家的法律讲座，都能通过网络轻松获取。这不仅打破了地域限制，让更多人有机会接触到高水平的法治教育，而且促进了教育公平。同时，在线论坛、社交媒体等工具的出现，使得学习者能够与他人实时交流心得，共同探讨法律问题。这种互动不仅加深了对法律知识的理解，而且拓宽了学习者的视野。此外，通过大数据和人工智能技术，教育者可以精确分析学习者的学习需求和习惯，为公民推送个性化的法治教育内容，进一步提升教育效果。

（三）利用多媒体拓宽法治教育宣传渠道

1.利用多媒体深化法治观念普及

在信息化高速发展的今天，多媒体已成为法治教育宣传的重要载体。借助网络平台，法治知识得以更广泛的传播，形式也更加多样化。视频、图像、动画等多媒体形式，使得原本枯燥的法律条文变得生动且易于理解。例如，通过制作系列法律教育短片，在各大社交媒体和视频平台上发布，能够迅速吸引公众的注意力。这些短片可以采用情景剧的形式，模拟真实生活中的法律案例，让观众在轻松愉快的氛围中学习法律知识，提升法治意识。除了视频形式，互动性的法律问答小程序也是多媒体宣传的有效手段。通过设计包含丰富法律问题的互动游戏，鼓励用户参与答题，不仅能增强用户对法治知识的兴趣，而且能在实际操作中加深对法律条文的理解。这种寓教于乐的方式，特别受到年轻人的喜爱，在享受游戏乐趣的同时，也潜移默化地接受了法治教育。此外，利用大数据和人工智能技术，可以精准推送个性化的法治教育内容。通过分析用户的行为习惯和兴趣偏好，为用户定制专属的法治学习资源，从而提高法治教育的针对性和实效性。这种智能化教育方式，不仅提升了法治教育的覆盖面，而且使其更加贴近公众的实际需求。

2.借助多媒体打造全方位法治教育环境

随着科技的不断发展，多媒体技术在法治教育中的应用日益广泛，为打造全方位的法治教育环境提供了有力支持。网络直播、在线讲座、法律论坛等多媒体形式，为公众提供了更加便捷、高效的学习交流渠道。网络直播以真实、即时的特点，成为法治教育的新兴形式。通过邀请法律专家进行直播讲解，观众可以实时提问并获得解答，这种互动式的教育方式极大地提高了法治教育的参与度和实效性。同时，直播内容可以回放，方便观众随时复习和深入学习。在线讲座为公众提供了更为系统的法律知识学习机会。通过专业的讲座视频，观众可以深入了解法律条文的内涵和外延，以及在实际生活中的应用。在线讲座不受时间和地点的限制，观众可以根据自己的时间安排进行学习，极大地提高了学习的灵活性和自主性。通过这些多媒体形式，法治教育得以全方位、多角度地展开。它们共同构建了一种立体化的法治教育环境，使公众能够在任何时间、任何地点接受法治教育，从而不断增强自身的法治素养和法治意识，这对于推动法治社会的进步具有重要意义。

第四节　提升公众法治素养的策略与实践

一、提升公众法治素养的意义

（一）有助于增强公民法治意识和法治观念

1.法治素养提升与公民法治意识的增强

随着公民对法律知识的不断学习和理解，其对法律的敬畏之心也逐渐加深。这种对法律的深刻认识，使公民在日常生活中能够自觉遵守法律法规，不去触碰法律的底线。公民法治意识的提高，不仅体现在对法律的遵守上，更体现在对法律价值的认同和对法治精神的追求。公民能够深刻理解，在享有权利的同时，也必须承担相应的义务。这种观念的形成，使公民在行使权利时，能够尊重他人的权利，不侵犯他人的合法权益。此外，法治素养的提升能够增强公民对法律监督的参与意识。公民意识到法律的实施，不仅需要政府机关的努力，而且需要社会各界的共同参与。这种参与意识的提高，有助于形成全社会共同维护法治的良好氛围。

2.法治观念深入人心与法治化进程的推动

随着公民法治素养的提升，法治观念逐渐融入人们的思维方式和行为习惯中。公民开始积极运用法治思维和法治方式来解决问题，不再仅仅依赖于人情关系或权力地位。这种转变不仅提高了问题解决的效率和公正性，而且为社会治理注入了更多的理性和规范性。同时，公民意识到自己在法治建设中的责任和作用，开始主动关注和参与到相关活动中。例如，参与立法讨论、提出法律建议、监督法律实施等。这种广泛的参与，不仅提升了法治建设的民主性和科学性，而且增强了公民对法治的认同感和归属感。越来越多的公民选择从事法律职业，为法治建设提供了专业支持和人才保障。

（二）有助于增强社会整体治理效能

1.强化法治思维与规则意识

提升公众法治素养，意味着广大公民能够更深入地理解和认同法治精神，自觉遵守法律规则，积极维护社会秩序。在这一过程中，法治思维与规则意识的强化显得尤为重要。法治思维是一种基于法律原则和规则来认识问题、解决问题的思维方式。它要求人们在面对各种社会现象和问题时，能够运用法律知识和法治精神进行理性分析和判断。提升公众法治素养，就是要让这种法治思维深入人心，成为公民思考问题的基本方式。通过加强法治教育，普及法律知识，引导公民树立法治信仰，培养出一批批具备法治思维的公民，推动社会形成尊法学法守法用法的良好氛围。规则意识是法治思维的具体体现，它要求公民在社会生活中能够自觉遵守各种规则，包括法律规则、道德规范等。提升公众法治素养，就是要强化这种规则意识，让公民明白规则的重要性，并主动遵守规则。通过加强社会监督，能够营造出一种"违法必究、执法必严"的社会环境，使公民在面对规则时，能够保持敬畏之心，自觉遵守规则，从而维护社会的和谐稳定。

2.促进多元主体协同共治

公众法治素养的提升，不仅有助于增强个体的法治意识和规则意识，更能够推动多元主体在法治框架内实现协同共治，从而进一步提升社会整体治理效能。法治为社会治理提供了基本的规范和准则，确保了治理活动的合法性和公正性。当公众法治素养得到普遍提升时，各类社会治理主体都能够更加自觉地遵守法律，依法行使权利、履行义务。社会组织、企业以及公民个人等多元主体，在法治引领下，能够形成有效的合作机制，共同参与到社会治理中。在这个过程中，公众法治素养的提升有助于增强不同主体之间的互信与合作。法治精神所蕴含的公平正义、权利保障等价值理念，能够促进不同主体之间的沟通与理解，减少因误解和偏见而产生的矛盾和冲突。此外，具备较高法治素养的公民，不仅能够积极参与社会治理活动，更能够提出建设性意见和建议，推动治理方式的改进和优化。

（三）有助于进一步提高公民法治精神

1.加强法律教育与培训

提升公众法治素养，加强法律教育与培训，需要将法律知识纳入国民教育体系。学校应确保各阶段学生都能接受系统的法律教育，培养学生的法治观念和法治意识。各类社会组织、企业和机构可以通过举办法律讲座、培训等活动，向公众普及法律知识，并提升公民的法律素养。利用现代科技手段，如互联网、移动应用等，创新法律教育形式。开发在线法律学习平台，为公众提供便捷的法律知识学习渠道，满足不同群体的需求。此外，司法机关应发挥积极作用，通过公开审判、案例发布等方式，向社会传递法律信息，引导公众遵守法律，维护社会公正。另外，为确保法治教育与培训的质量和效果，还需加强师资队伍建设，培养一批高素质、专业的法律教育者，确保他们具备扎实的法律知识和丰富的教学经验。

2.强化法治宣传与文化建设

强化法治宣传与文化建设是提升公众法治素养的关键。通过采用多样化的宣传手段，可以有效地增强公民的法治意识和法治精神。在融媒体时代，应当充分利用各类宣传平台和工具，如广播电视、网络和社交媒体等，广泛传播法律知识和法治观念。法治宣传应注重实效性，结合具体案例，深入浅出地解读法律条文，使公众能够更好地理解和接受。同时，通过举办法律知识竞赛、法治文化节等活动，激发公众学习法律的兴趣。另一方面，法治文化建设是强化法治宣传的重要内容。通过创作和推广富有法治内涵的文艺作品（如电影、电视剧、小说、诗歌等），以及开展法治文化活动（如法治主题展览、演出等），使公众在欣赏艺术的同时，感受到法治的力量和内涵。除此以外，建设富有法治特色的公共场所和文化设施，比如法治公园、法治广场、法治图书馆等，也能够进一步营造法治氛围，让公众在日常生活中接触和感受到法治文化的熏陶。这将有助于公众从内心深处接受和认同法治精神，促进法治素养的提升。

二、提升公众法治素养的策略

（一）加大法治教育宣传力度

1.深化法治理念，营造浓厚法治氛围

在推进法治社会建设进程中，法治教育宣传扮演着举足轻重的角色。通过深化法治理念，加大法治教育宣传力度，不仅能够增强公民的法律意识，而且能为社会的和谐稳定奠定坚实的基础。深化法治理念是法治教育宣传的核心任务。法治理念是法治文化的精髓，它包含了公平、正义、权利保障等价值追求。通过广泛的法治教育宣传，可以使这些理念深入人心，成为公民日常生活的行为准则。这要求在宣传内容上注重法治精神的阐释，通过生动的案例、深入浅出的解读，让公民理解法治的重要性，认识到法治是维护社会秩序、保障人民权益的根本保障。同时，一个充满法治氛围的社会，能够使公民在潜移默

化中接受法治文化的熏陶，自觉遵守法律、维护法律尊严。为此，需要创新宣传方式，利用多种渠道和平台，如媒体、网络、社区等，广泛传播法治知识，普及法律知识。此外，可以通过举办法治文化活动、开展法治讲座等形式，让公民亲身参与法治实践，感受法治的力量和魅力。

2.拓宽宣传渠道，提升法治教育普及率

传统的宣传方式（如报纸、电视等）虽然具有一定的覆盖面，但在信息爆炸时代，这些方式已经难以满足公众对法治信息的需求。因此，需要充分利用新媒体平台，如微博、微信、短视频等，通过图文、音频、视频等多种形式，将法治知识以更加生动、直观的方式呈现给公众。同时，可以借助社区、学校、企业等基层单位，开展法治讲座、法治文化活动等，让法治教育宣传更加贴近群众生活。除了拓宽宣传渠道，还需要注重宣传内容的针对性和实效性。针对不同群体的特点和需求，可以制定差异化的宣传策略。例如，对于青少年群体，可以通过漫画、动画等形式，以轻松有趣的方式普及法律知识；对于老年人群体，可以利用广播电视等传统媒体，以通俗易懂的语言讲解法律常识。此外，可以结合社会热点和典型案例，进行深入剖析和解读，让公众更加深刻地认识到法治的重要性和必要性。

（二）推广法治实践活动

1.开展法治主题活动

法治实践活动对于提升公众的法治素养起着至关重要的作用。可以通过线上线下相结合的方式，让公众参与到丰富多彩的法治实践活动中。对于线下活动，一方面可以举办法治讲座和培训，邀请法律专家学者或司法人员进行法治教育的宣传和推广。另一方面可以举办法治竞赛，例如法律知识竞赛、模拟法庭比赛、法治演讲比赛等，以此吸引公众参与法治实践活动。此外，可以开展法治文化活动，如法治文艺汇演，以音乐、舞蹈、戏剧等公众喜闻乐见的形式表现法治精神，以此普及法治知识、宣传法治理念。通过这些活动，可以增强公众的法治观念，提高公众的法律意识和法律素质。对于线上活动，虽然其具有便利性和互动性的特点，但是也需要认真规划和组织。可以通过微信、微

博、抖音等社交平台开展线上法治知识竞赛、法治征文比赛等，吸引广大网民参与。此外，可以通过在线直播等方式，邀请法律专家学者进行法治讲座，公众足不出户就能接受法治教育。利用短视频等形式拍摄法治宣传视频，将法治知识和法治理念以生动有趣的方式呈现给公众，进一步扩大法治宣传的覆盖面和影响力。

2.鼓励公众参与法治实践

在线下宣传方面，可以在社区街道悬挂横幅、标语，张贴宣传海报等方式，宣传法治实践活动的重要性和意义，吸引公众的关注和参与。还可以在法治实践活动现场设置咨询台，邀请法律专业人士为公众提供法律咨询和帮助。此外，可以通过广播电视、报纸杂志、政府网站等媒介，广泛宣传法治实践活动的成果和经验，提高公众的参与度和积极性。在线上宣传方面，可以利用微信、微博等社交媒体平台，发布法治实践活动的相关信息，吸引公众的关注和参与。还可以通过网络直播等形式，实时报道法治实践活动的进展情况，扩大活动的影响力和覆盖面。另外，可以利用移动互联网应用程序，如法治宣传App 等，拓宽宣传渠道，强化宣传效果。同时，可以利用网络大数据等技术手段，分析公众的需求和反馈，对宣传策略进行优化和调整。

（三）完善法治教育体系

1.加强学校法治教育

学校作为青少年成长的重要场所，承载着培养学生综合素质的重任，其中法治教育不可忽视。加强学校法治教育，旨在从小培养学生的法治意识，让学生了解并尊重法律，学会运用法治思维解决问题。在这一过程中，应将法治课程融入日常教学体系，不仅限于传统的课堂讲授，而且可通过模拟法庭、法治辩论赛等实践活动，让学生在亲身体验中深化对法律的理解。同时，教师应不断提升自身的法治素养，以身作则，为学生树立良好的法治榜样。此外，通过与公安、法院等法律机构合作，邀请专业人士进校园开展讲座或实践活动，进一步增强学生的法治观念和实践能力。

2.发展社区法治教育

社区既是人们生活的重要场所，也是法治教育的重要阵地。发展社区法治教育，能够有效提升居民的法治素养，营造和谐稳定的社区环境。为了实现这一目标，社区可以定期开展法治讲座、法律咨询等活动，邀请法律专家为居民普及法律知识，解答法律问题。同时，利用社区公告栏、微信群等渠道，定期发布法治信息，让居民在日常生活中不断接触和学习法律知识。此外，社区可以组织法治文艺演出、法治知识竞赛等寓教于乐的活动，吸引居民积极参与，提高法治教育的趣味性和实效性。通过这些举措，不仅能够增强居民的法治意识，而且能够促进社区居民之间的交流与互动，共同构建一个法治氛围浓厚的和谐社区。

| 第六章 |

公共法律服务与数字化转型

第一节　数字化转型对公共法律服务的影响

一、数字化转型对公共法律服务模式的影响

（一）传统法律服务模式的局限性

1.时间与空间的限制

传统法律服务模式往往受限于特定的时间和空间。在时间上，律师和客户之间的咨询、交流和案件处理通常需要在正常的工作时间内进行，这在一定程度上限制了客户在紧急情况下及时获得法律帮助的可能性。比如，当客户在非工作时间遇到法律问题急需咨询时，他们可能无法立即联系到律师，这可能导致问题的延误或处理不当。在空间上，传统法律服务往往需要面对面的交流，这意味着客户需要亲自前往律师事务所。这不仅增加了客户的时间成本，而且可能因为受到地理位置的限制，使得某些地区的居民难以获得高质量的法律服务。此外，传统法律服务模式的这种时空限制可能加剧法律服务资源的不均衡分布。在一些偏远地区或人口稀少的地方，由于律师资源的匮乏，当地居民可能很难获得及时、专业的法律服务。这种不均衡不仅影响了法律服务的普及性和可及性，而且可能导致一些人在面临法律问题时处于不利地位。因此，传统法律服务模式在时间和空间上的局限性，不仅给客户带来诸多不便，而且影响了法律服务的公平性和效率。为了解决这些问题，法律服务行业需要寻求创新

和变革，以适应现代社会对法律服务的需求。

2.服务效率与质量的瓶颈

在服务效率方面，传统的法律服务往往依赖于纸质文档和人工处理，这不仅耗时耗力，而且容易出错。例如，律师需要手动整理大量的案件材料和证据，这不仅降低了工作效率，而且增加了出错的可能性。同时，由于信息流通不畅，律师之间以及律师与客户之间的沟通协调也可能变得复杂而低效。在服务质量方面，传统法律服务模式可能受到律师个人经验和知识水平的限制。尽管律师会尽力提供高质量的服务，但个人的能力和精力毕竟有限。在面对复杂多变的法律问题时，如果缺乏足够的专业支持和资源共享，律师可能难以给出最佳的法律建议。此外，由于传统法律服务模式缺乏统一的服务标准和质量控制机制，服务质量可能会因律师的个人差异而参差不齐。这些局限性不仅影响了法律服务的整体效率和质量，而且可能损害客户的利益和满意度。为了提高服务效率和质量，法律服务行业需要引入更先进的技术和管理模式，以实现资源的优化配置和高效利用。例如，通过数字化和自动化技术来简化工作流程、减少人工错误，并通过建立统一的服务标准和质量控制机制来提升整体的服务质量。

（二）数字化转型推动法律服务模式创新

1.智能化法律服务与个性化法律解决方案

数字化转型不仅为法律服务带来了技术的革新，更在深层次上推动了法律服务模式的创新。智能化法律服务与个性化法律解决方案的兴起，正是这场变革中最为引人注目的亮点。传统法律服务往往依赖于律师个人的经验和知识，而智能化法律服务则通过引入人工智能、大数据等先进技术，使得法律服务能够更加高效、精准地满足用户需求。智能法律机器人能够实时解答法律咨询，提供法律建议，甚至协助起草法律文书。智能合同审查系统能够快速识别合同中的风险点，并提出修改建议。这些智能化法律服务工具的出现，极大地提高了法律服务的效率和质量，降低了服务成本，使得更多人能够享受到高质量的法律服务。在数字化时代，每个人的法律需求都是独特而复杂的，传统的标准化法律服务已经难以满足这些需求。通过数据分析和挖掘，法律服务机构能够深入了解用户的法律需求、偏好和行为习惯，从而为用户提供更加精准、个性化的法律解决方案。例如，针对企业的知识产权保护需求，法律服务机构可以通过分析企业的业务模式、技术创新和市场环境等因素，为企业量身定制一套全面的知识产权保护方案。这种个性化的法律解决方案，不仅能够更好地满足用户的实际需求，而且能够提升用户对法律服务的满意度和信任度。随着技术的不断进步和应用场景的不断拓展，智能化法律服务将会更加普及和成熟，个性化法律解决方案也将成为法律服务的主流形式。

2.在线法律服务平台的构建与跨界合作

在线法律服务平台的构建是数字化转型在法律服务领域的又一重要成果。通过在线平台，用户能够随时随地获取法律咨询、法律援助、法律教育等各类法律服务，打破了传统法律服务的地域和时间限制。同时，在线平台通过整合法律资源，提供了丰富的法律信息、案例和法规查询功能，使用户能够更加便捷地获取法律知识，提升法律素养。在数字化转型推动下，法律服务与金融、电商、教育等行业的交融日益加深。金融领域的在线借贷、股权众筹等新型业务模式需要法律服务的支撑和规范；电商平台需要法律服务来保障消费者权益和交易安全；教育行业也需要法律服务来规范在线教育、知识产权保护等方面的问题。这些跨界合作不仅为法律服务行业带来了新的发展机遇，而且为其他行业提供了更加全面、专业的法律服务保障。在线法律服务平台的构建与跨界合作的深化，不仅拓宽了法律服务的边界和内涵，而且推动了法律服务行业的转型升级。

二、数字化转型提升公共法律服务效率

（一）优化服务流程与提升响应速度

1.数字化转型优化公共法律服务流程

在传统模式下，法律服务流程烦琐且耗时，涉及大量的文书工作和人工传递信息，往往导致效率低下和错误频发。通过引入数字化技术，这些流程得到

了极大的简化。数字化平台使得案件管理、资料整理和信息传递等任务实现了自动化，大大减少了人工操作的环节。例如，电子文档管理系统可以快速归档、检索和分享案件相关文件，不仅提高了工作效率，而且降低了文件丢失或错放的风险。此外，线上协作工具使得律师、客户和相关人员能够实时协作，共同推进案件的进展，从而进一步优化了整个法律服务流程。通过数字化手段，可以建立起统一的服务标准和流程规范，确保每个案件都能按照既定的步骤和质量要求进行处理。这种标准化和规范化不仅提高了服务效率，而且提升了服务质量的稳定性和可预测性。客户可以更加清晰地了解案件处理的每个阶段和预期结果，从而增强了法律服务的透明度和信任度。

2.数字化转型提升公共法律服务响应速度

在传统模式下，法律服务响应往往受限于工作时间、地域和人力资源等因素，导致响应速度缓慢，无法满足客户的即时需求。通过数字化技术的应用，这些限制被有效突破。数字化平台提供了24/7的在线服务，使得客户可以在任何时间、任何地点提交法律咨询或请求帮助。这种全天候的服务模式大幅缩短了客户的等待时间，提高了法律服务的即时性。同时，智能分流系统能够根据案件的性质和紧急程度，自动将请求分配给最合适的律师或团队，从而进一步加快了响应速度。此外，数字化转型通过引入大数据和人工智能技术，提升了法律服务的智能化水平，可以对客户的问题进行快速分析和匹配，提供即时的法律建议和解决方案。律师也可以利用这些技术快速检索相关法律法规和案例，为客户提供更加准确和专业的法律服务。

（二）拓宽公共法律服务渠道

1.数字化转型通过线上平台拓宽法律服务渠道

在传统模式下，法律服务往往受限于实体律师事务所的地理位置和营业时间，导致许多有法律需求的人士难以及时获得帮助。随着互联网技术的飞速发展，线上法律服务平台的兴起彻底打破了这一局限。线上平台（如法律咨询网站、手机应用等）使得法律服务能够覆盖更广泛的受众。用户只需通过电脑或手机，即可随时随地访问这些平台，获取法律信息、咨询专业律师或寻求法律援助。这种便捷性极大地降低了用户获取法律服务的门槛，使得法律服务不再是遥不可及的专业服务，而是变成了触手可及的日常需求。此外，线上平台通过多样化的服务形式，如文字咨询、语音通话、视频会议等，满足了用户不同层次、不同场景的法律需求。用户可以根据自己的实际情况选择合适的服务方式，与律师进行高效沟通，从而得到更加个性化和精准的法律帮助。

2.数字化转型利用社交媒体与网络论坛拓宽法律服务渠道

社交媒体平台（如微博、微信等）拥有庞大的用户基础和高度活跃的社区环境。法律服务提供者通过在这些平台上发布普法知识、案例分析等内容，不仅可以提高公众的法律意识，而且能在需要时提供即时的法律咨询和援助。同时，用户可以通过私信、评论等方式，直接与律师或法律专家进行交流，获取个性化的法律建议。网络论坛以专业性和深度讨论的特点，吸引了大量对法律有深入研究或实际需求的用户。在这些论坛上，用户可以发布自己遇到的法律问题，寻求同行的帮助和建议。律师和法律专家也经常参与其中，提供专业的解答和指导，从而形成了一种良性的互动和学习环境。通过社交媒体和网络论坛，数字化转型不仅拓宽了公共法律服务的渠道，而且增强了法律服务的互动性和针对性，这有助于促进法律知识的普及和传播，对于提升整个社会的法治化水平具有重要意义。

（三）增强公共法律服务透明化

1.信息公示与民众信任

在数字化浪潮推动下，公共法律服务正经历着前所未有的透明化变革。这种变革的核心在于信息公示的广泛实施，它极大地增强了民众对法律服务机构的信任感，从而提高了公共法律服务的整体质量和效率。数字化技术的应用使得法律服务机构能够以前所未有的方式公开其服务流程、收费标准以及其他相关信息。通过官方网站、移动应用等多种渠道，民众可以方便地获取这些详细而全面的信息。这种信息公示的做法不仅有助于消除民众对法律服务机构的不透明感和疑虑，而且为其提供了一个了解、比较和选择服务的平台。民众可以更加清晰地了解法律服务的各个环节，包括服务的内容、标准、时限等，从而做出更加明智的决策。同时，在公众监督下，法律服务机构必须更加注重服务的质量和效率，以确保其服务能够满足民众的期望和需求。这种透明化的服务模式不仅提高了法律服务机构的公信力，而且为其树立了良好的社会形象。此外，数字化转型通过数据分析和可视化技术，使得法律服务的透明化水平得到了进一步提升。通过对服务数据的深入挖掘和分析，可以更加准确地了解民众的法律需求和服务满意度，从而为优化服务提供有力的支持。可视化技术使得法律服务的成果和效果更加直观和易于理解，进一步增强了民众对法律服务机构的信任感。

2.科技助力监督与反馈机制完善

数字化技术的应用使得法律服务过程变得更加可追溯和可监督。通过构建数字化的服务流程管理系统，法律服务机构能够实时记录并展示服务的各个环节，确保每步操作都符合规定和标准。同时，数字化平台为民众提供了便捷的反馈渠道。民众可以通过在线评价、问卷调查等方式，对法律服务的质量、效率等方面进行反馈。这种反馈机制不仅有助于法律服务机构及时了解民众的需求和意见，而且为其提供了一个改进服务的依据和方向。通过不断收集和分析民众反馈，法律服务机构可以更加精准地把握服务中存在的问题和不足，从而有针对性地进行改进和提升。此外，数字化技术使得法律服务机构的内部管理更加透明和高效。通过构建数字化的内部管理系统，法律服务机构可以实现对人员、资源、项目等方面的全面监控和管理。

三、数字化转型推动公共法律服务的创新发展

（一）数字化转型使公共法律服务更为便捷

1.在线法律服务平台的构建与利用

随着信息技术的飞速发展，数字化转型为公共法律服务带来了前所未有的便捷性。其中，在线法律服务平台的构建与利用成为提升服务便捷性的重要手段。这一创新举措使得民众能够随时随地获取法律服务，极大地打破了传统法律服务在时间和空间上的限制。在线法律服务平台的构建，为民众提供了

一个便捷的法律服务入口。通过电脑、手机等终端设备，民众可以轻松地登录平台，查询法律法规、获取法律咨询、提交法律申请等。这种在线化的服务模式，不仅省去了民众前往实体法律服务机构的时间和精力，而且避免了因为受到地域限制而无法获得及时服务的问题。同时，在线法律服务平台提供了丰富的法律服务资源。平台上汇聚了大量的法律专家、律师和志愿者，能够为民众提供专业的法律咨询和解答。此外，平台整合了各类法律文书模板、案例库等资源，方便民众自主处理一些简单的法律事务。这些资源的丰富性和多样性，使得民众能够在平台上获得全方位、多层次的法律服务。在线法律服务平台的利用，也进一步提升了公共法律服务的便捷性。民众可以通过平台与法律服务提供者进行实时交流，及时了解服务进展和结果。此外，平台提供了在线支付、电子签名等功能，使得法律服务过程更加便捷和高效。

2.自动化与智能化法律服务系统的应用

数字化转型在提升公共法律服务便捷性方面的作用，不仅体现在在线法律服务平台的构建上，更体现在自动化与智能化法律服务系统的应用上。自动化法律服务系统的应用，使得大量烦琐的法律事务得以快速处理。通过预设的规则和算法，系统能够自动进行法律文书的生成、审查、归档等操作，大大减少了人工处理的时间和成本。同时，系统能对法律数据进行自动化分析，为民众提供更加精准、个性化的法律建议。这种自动化的处理方式，不仅提高了服务效率，而且降低了人为错误的风险。智能化法律服务系统通过引入人工智能技术，实现了对法律问题的智能分析和解答。系统能够学习并理解法律知识和规则，通过自然语言处理、机器学习等技术，对民众提出的法律问题进行智能分析和解答。这种智能化的服务方式，不仅能够提供更加专业、准确的法律建议，而且能够根据民众的需求和偏好，提供个性化的服务方案。此外，自动化与智能化法律服务系统能够与其他信息系统进行集成和协同工作。通过与政务系统、司法系统等的数据共享和互通，系统能够更加全面地了解民众的法律需求和问题，提供更加综合、全面的法律服务。这种跨系统的协同工作，不仅提高了服务效率，而且增强了服务的便捷性和实用性。

（二）法律科技产品的开发与应用

1.数字化转型推动法律科技产品的创新开发

随着大数据、云计算、人工智能等技术的不断发展，越来越多的法律科技产品应运而生，这些产品不仅极大地提升了法律服务效率，而且为客户提供了更加便捷、个性化的法律解决方案。在数字化转型推动下，法律科技产品的开发呈现出多元化的趋势。例如，智能法律咨询机器人能够通过自然语言处理技术，为用户提供24小时不间断的在线法律咨询服务。这种机器人能够快速理解用户的问题，并提供相应的法律建议和解决方案，大大降低了用户获取法律服务的成本和时间。此外，电子合同签署平台利用区块链技术确保合同的不可篡改性和法律效力，简化了合同签署流程，提高了交易效率。同时，数字化转型促进了法律大数据分析平台的发展。这些平台能够收集、整理和分析海量的法律数据，为律师和法律工作者提供更加精准、科学的决策支持。比如，在案件预测、法律风险评估等方面，大数据分析技术都展现了巨大的潜力。它们的出现，使得法律服务更加智能化、自动化，满足了现代社会对高效、便捷法律服务的需求。

2.法律科技产品在实际应用中的价值与影响

法律科技产品在实际应用中的价值与影响日益凸显，成为推动法律行业进步的重要力量。这些产品以智能化、高效化的特点，正在逐步改变传统的法律服务模式，为法律从业者和公众带来了前所未有的便利。智能法律检索工具是法律科技产品的典型代表之一。它们能够快速准确地搜索到相关法律法规、判例和法律意见，极大地提高了律师和法律工作者的工作效率。同时，这些工具能根据用户的搜索历史和偏好，提供个性化的推荐和定制服务，使得法律研究更加精准和高效。电子取证工具也是法律科技产品中的重要一类。这些工具能够协助律师在诉讼过程中收集、整理和呈现电子证据，确保证据的完整性和真实性。在数字化时代，电子证据的重要性日益凸显，因此电子取证工具的应用对于维护司法公正和当事人权益具有重要意义。此外，法律科技产品在风险管理、合规审查等方面发挥着重要作用。例如，智能合规审查系统能够自动识别和评估合同中的风险点，为企业在签订合同时提供及时的风险提示和修改建议。这不仅降低了企业的法律风险，而且提高了企业的运营效率。

（三）优化公共法律服务资源配置

1.数字化转型推动公共法律服务资源优化配置

通过数字化平台，人们可以更加便捷地获取各类公共法律服务资源，从而实现资源的高效利用和合理分配。数字化平台实现了公共法律服务资源的整合与共享。将各类法律服务提供者（如律师、公证员、调解员等）整合到一个平台上，实现了资源的共享和互补。用户可以通过平台轻松找到所需的法律服务，避免了信息不对称和资源浪费。不受时间和空间的限制，无论身处何地，只要有网络，人们就可以随时随地获取公共法律服务资源。此外，数字化平台可以通过大数据分析等技术手段，实现公共法律服务资源的精准配置。根据用户的需求和行为数据，平台可以为用户推荐最适合的法律服务，提高服务的针对性和有效性。同时，平台可以根据数据分析结果，调整服务资源的配置，以更好地满足用户的需求。通过数字化平台，不同的法律服务提供者可以实现协同工作，共同为用户提供更加优质、高效的法律服务。这种协同创新不仅可以提高服务质量，而且可以促进法律服务行业的发展和进步。

2.数字化转型对于公共法律服务质量与效率的促进作用

数字化转型为公共法律服务带来了诸多机遇，使其能够更好地满足人民群众日益增长的法律服务需求。通过建立数字化的法律服务平台，人们可以方便地在线获取法律服务信息、咨询法律问题、申请法律援助等。这种在线服务模式不仅打破了时间和空间的限制，而且降低了人们获取法律服务的门槛，使更多的人能够受益于公共法律服务。利用大数据、人工智能等技术手段，可以实现法律服务的自动化处理，例如自动生成法律文书、智能审核案件等。这不仅提高了工作效率，而且减少了人为误差，保证了法律服务的准确性和公正性。此外，数字化转型促进了公共法律服务的协同合作。不同部门、不同地区之间的公共法律服务资源可以通过数字化平台进行整合和共享，实现协同办公，大大降低了服务成本。

通过数字化技术收集和分析法律服务数据，可以更好地了解人民群众的法律服务需求和满意度，为改进服务提供依据。同时，数字化平台可以提供在线培训、案例参考等功能，提升法律服务人员的专业素质和服务水平。

（四）促进公共法律服务创新升级

1.数字化转型为公共法律服务带来创新机遇

数字化转型为公共法律服务带来了许多创新机遇，如在线法律服务、智能法律咨询等。这些创新机遇不仅能够提高公共法律服务的效率和质量，而且能够为公众提供更加便捷、高效的法律服务。通过在线法律服务平台，公众可以随时随地获得法律服务，无须前往律师事务所或法院。在线法律服务平台不仅提供法律咨询、法律文书起草等基本法律服务，而且提供了在线调解、在线仲裁等多元化的法律服务，满足了公众不同的法律服务需求。通过智能法律咨询系统，公众可以快速获得准确、详细的法律咨询答案，无须等待律师的回复。智能法律咨询系统不仅可以提供基本的法律咨询服务，而且可以根据公众的具体情况提供个性化的法律咨询建议，提高了公共法律服务的针对性和实用性。

2.数字化转型推动公共法律服务升级发展

数字化转型是当前社会发展的重要趋势，它正在深刻地影响着各个领域的发展。公共法律服务作为保障人民群众合法权益的重要手段，也需要积极应对数字化转型带来的挑战，推动自身的升级发展。数字化转型为公共法律服务提供了更加便捷、高效的服务方式。通过数字化技术，公共法律服务可以实现线上线下融合，为人民群众提供更加便捷、高效的服务。人民群众可以通过网络平台随时随地获取公共法律服务，无须到实体服务机构排队等待。同时，公共法律服务机构可以通过数字化技术实现服务的智能化、自动化，提高服务效率和质量。数字化转型为公共法律服务提供了更加精准、个性化的服务内容。通过数字化技术，公共法律服务可以实现对人民群众法律服务需求的精准分析，为不同群体提供个性化的服务内容。例如，通过大数据分析，公共法律服务机构可以了解到不同地区、不同群体的法律服务需求，从而有针对性地开展服务活动，提高服务的精准性和针对性。此外，数字化转型为公共法律服务提供了更加广阔、多元化的服务渠道。通过数字化技术，公共法律服务可以实现与其他领域的融合发展，拓展服务渠道。例如，公共法律服务可以与互联网、金融、教育等领域进行融合，为人民群众提供更加多元化的服务内容。数字化技术也为公共法律服务提供了更加广阔的国际交流合作平台，促进了公共法律服务的国际化发展。

第二节 公共法律服务数字化平台的建设与应用

一、公共法律服务数字化平台建设的必要性

（一）广泛普及法律知识

1.公共法律服务数字化平台助力法律知识普及

公共法律服务数字化平台的建设，不仅提升了法律服务的便捷性和效率，更在广泛普及法律知识方面发挥了不可或缺的作用。这一平台通过强大的信息整合与传播能力，将原本晦涩难懂的法律条文转化为易于理解的形式，使得法律知识不再局限于专业的法律从业者，而是深入到广大人民群众之中。在这一平台上，丰富的法律案例、详细的法律解读、生动的法律课堂等内容应有尽有，为用户提供了一种全方位、多层次的法律知识学习环境。无论是对法律感兴趣的普通市民，还是正在或准备从事法律工作的专业人士，都能在这个平台上找到自己所需的知识和资源。此外，平台通过设置在线咨询、法律论坛等功能，为用户提供了一个与法律专家直接交流的机会，进一步加深了用户对法律知识的理解和掌握。可以说，公共法律服务数字化平台的建设，极大地推动了法律知识的广泛普及，为提升全民法治素养奠定了坚实的基础。

2.公共法律服务数字化平台在法律知识普及中的推动作用

公共法律服务数字化平台在推进法律知识普及过程中，展现出强大的创新与实践能力。这一平台不仅提供了传统的文字资料供用户学习，更结合了现代科技手段，如虚拟现实、增强现实等技术，为用户创造了沉浸式、互动式的法

律学习体验。通过这些先进的技术手段，这一平台将法律知识以更加直观、生动的形式呈现出来，极大地提高了用户的学习兴趣和效果。同时，这一平台积极探索线上线下相结合的法律知识普及模式。通过组织线上法律讲座、法律知识竞赛等活动，吸引了大量用户的参与和互动，使得法律知识在轻松愉快的氛围中得到了有效传播。此外，平台针对不同用户群体，如青少年、老年人等，定制了个性化的法律教育内容，确保了法律知识普及的全面性和针对性，有效地提高了全民的法律意识和法治观念。

（二）推动公共法律服务标准化与规范化

1.公共法律服务数字化平台如何推动服务标准化

在传统的法律服务模式下，由于地域差异、个体能力差异以及服务流程的多样性，法律服务的质量和效果往往参差不齐，这给公众寻求法律帮助时带来了诸多不确定性。而数字化平台的兴起，为法律服务行业带来了新的契机。数字化平台通过构建统一的服务框架和标准体系，对法律服务的各个环节进行了细致的规范和界定。从服务流程的梳理，到服务质量的评估，再到服务效果的反馈，每个环节都被纳入标准化的管理范畴，不仅确保了法律服务提供者能够按照既定的流程和标准来开展工作，而且大大提高了服务的透明度和可预测性。在数字化平台上，每项法律服务都被赋予明确的质量指标和评价标准。服务提供者需要遵循这些标准来提供服务，用户可以根据这些标准来对服务进行评价和反馈。不仅激励服务提供者不断提升自身的专业素养和服务水平，而且为用户提供了更加明确和可量化的服务选择依据。此外，数字化平台通过引入先进的信息技术手段，如大数据分析、人工智能辅助等，进一步提升了法律服务的标准化水平，为服务标准的持续优化提供了数据支持。

2.公共法律服务数字化平台在促进服务规范化中的作用

随着社会的快速发展和法律环境的日益复杂，公众对法律服务的需求也在不断增长。而在传统的法律服务市场中，由于缺乏有效的监管手段和透明的信息机制，往往存在着服务质量参差不齐、价格不透明等问题。数字化平台的出现，为法律服务市场的规范化发展注入了新的活力。数字化平台通过建立完善的服务评价和反馈机制，使得用户可以对服务提供者的专业水平和服务质量进行客观评价。不仅提高了服务提供者的责任感和专业素养，而且为用户提供了更加明确的服务选择标准。数字化平台利用大数据和云计算等技术手段，对法律服务市场的运行状况进行实时监测和分析。通过这些数据，监管部门可以及时发现市场中的不规范行为和潜在问题，并采取相应的措施进行干预和纠正。此外，这一平台通过透明的价格机制和费用明细展示，消除了价格欺诈和不透明收费的可能性。

（三）使资源得到充分利用

1.法律资源的高效整合与共享

通过数字化技术，法律服务得以突破传统模式的束缚，实现资源的优化配置和最大化利用。数字化平台通过整合各类法律资源，为民众提供了更加全面、便捷的法律服务。在数字化平台上，无论是法律法规、案例库还是专家咨询，都能以数字化的形式呈现，使得民众可以随时随地获取所需信息。这种整合不仅减少了资源的浪费，而且提高了服务的效率。同时，数字化平台促进了法律资源的共享。在传统的法律服务模式下，资源往往局限于特定的机构或地区，难以实现跨地区、跨机构的共享。数字化平台打破了这种局限性，使得资源可以在更广泛的范围内流通和共享。此外，数字化平台通过数据分析等技术手段，对法律资源进行深度挖掘和精准匹配。通过对用户行为、需求偏好等数据的分析，数字化平台能够更准确地了解民众的法律需求，并为其提供更加个性化的服务，使得法律资源得到了更加充分的利用。

2.法律资源的便捷获取与普及

数字化平台以开放性和互动性，为民众提供了获取法律资源的便捷途径。无论是城市还是乡村，无论是年长者还是青少年，只要拥有基本的网络设备和操作技能，便可以通过数字化平台轻松获取所需的法律知识，降低了获取法律服务的门槛，使得更多人能够享受到法治社会的红利。同时，数字化平台通过多样化的服务形式，提升了法律资源的普及度。数字化平台上不仅有详尽的法律条文和解读，而且有生动的案例分析和实用的法律工具，使得法律知识不再枯燥难懂，而是变得生动有趣、易于理解。此外，平台通过定期的法律知识普及活动、在线法律咨询等方式，增强了民众与法律的互动和联系，进一步提升了法律资源的普及效果。值得一提的是，数字化平台通过技术手段提高了法律服务的准确性和可靠性。例如，利用人工智能和大数据技术，数字化平台可以对民众的法律问题进行智能分析和解答，避免了人为因素的干扰和误差。

二、公共法律服务数字化平台建设的原则

（一）坚持以人民为中心

1.以人民为中心满足法律服务需求

数字化平台的建设不是简单的技术堆砌，而是以满足人民群众的实际需求为出发点，通过数字化手段，提供便捷、高效、有针对性的法律服务。传统的法律服务模式往往受到时间和空间的限制，使得民众在寻求法律服务时面临诸多不便。而数字化平台通过打破这些限制，让法律服务触手可及。无论是通过手机App、网站还是微信小程序，民众都可以随时随地获取所需的法律服务信息，大幅提升了服务的便捷性。同时，数字化平台通过优化界面设计、简化操作流程等方式，降低使用门槛，确保不同年龄、不同文化背景的民众都能轻松使用。高效性也是公共法律服务数字化平台的重要特征。数字化平台通过引入先进的技术手段，如人工智能、大数据等技术，实现了法律服务的自动化和智能化。民众可以通过数字化平台快速查询法律法规、获取法律建议，甚至进行在线法律咨询。数字化平台能根据民众的需求和行为数据，智能推荐相关的法律服务和资源，提高了服务的针对性和效率。数字化平台不仅涵盖了法律咨询、法律援助、普法宣传等基本服务，而且针对特定群体提供了个性化的服务内容。例如，针对老年人群体，数字化平台可以提供更加简洁易用的界面和更加贴心的服务流程；针对青少年群体，数字化平台可以加强法治教育和法律知识的普及。这种多样化的服务设计，使得法律服务资源能够更加公平、公正地分配给每名公民，确保每个人都能享受到优质的法律服务。坚持以人民为中心的原则，使得公共法律服务数字化平台的建设始终围绕人民群众的实际需求进行。通过提供便捷、高效、多样化的法律服务，数字化平台不仅满足了人民群

众的基本法律需求，而且提升了法治社会的建设水平，为构建和谐社会奠定了坚实的基础。

2.确保法律服务资源的公平分配

法律服务资源的公平分配是社会公正的重要体现。在传统的法律服务模式下，由于地域、经济、文化等多方面的差异，法律服务资源的分配往往存在不平衡的现象。一些地区或群体可能面临法律服务匮乏的困境，而另一些地区或群体则可能享有过剩的法律服务资源。这种不平衡不仅影响了法律服务的普及程度，而且损害了社会公正和法治精神。公共法律服务数字化平台的建设，为打破这种不平衡提供了有力工具。通过数字化手段，数字化平台能够将法律服务资源进行有效整合和优化配置，实现资源的共享和高效利用。无论是城市的繁华街区还是乡村的偏远地区，无论是经济发达地区还是欠发达地区，只要接入互联网，民众都能通过数字化平台获取所需的法律服务信息。这种无差别的服务方式，确保了法律服务资源的公平分配，消除了地域和经济差异带来的服务障碍。针对农民工群体，数字化平台可以提供关于劳动权益保护的法律服务；针对妇女群体，数字化平台可以提供关于家庭暴力、婚姻纠纷等方面的法律服务。这种针对性的服务设计，使得法律服务资源能够更加精准地分配给需要的人群，提升了服务的公平性和有效性。此外，公共法律服务数字化平台通过加强普法宣传和法治教育，提升公民的法律素养和法治意识。数字化平台通过发布法律资讯、解读法律法规、开展法治课堂等方式，普及法律知识，增强公民的法律意识和法治观念。有助于营造全社会尊法学法守法用法的良好氛围，进一步推动法律服务资源的公平分配和有效利用。

（二）坚持技术创新与业务融合

1.技术创新在公共法律服务数字化平台建设中的作用

随着社会的不断发展和进步，公共法律服务的需求也日益增长。为了满足公众对法律服务的多样化需求，提高法律服务的效率和质量，需要坚持技术创新与业务融合。技术创新可以为公共法律服务数字化平台建设提供强大的支持和保障。例如，通过利用大数据、人工智能、区块链等新兴技术，可以实现法律服务的智能化、个性化和精准化。比如，可以利用大数据技术对公众的法律服务需求进行分析和预测，为法律服务机构提供决策参考；可以利用人工智能技术为公众提供智能法律咨询、智能法律文书生成等服务，提高法律服务的效率和质量；可以利用区块链技术实现法律服务数据的安全存储和共享，保障公众的合法权益。同时，技术创新可以推动公共法律服务数字化平台的不断升级和完善。例如，通过利用云计算技术，可以实现公共法律服务数字化平台的弹性扩展和高可用性，保障数字化平台的稳定运行；可以利用移动互联网技术实现公共法律服务的移动化和便捷化，让公众随时随地都能享受到优质的法律服务。

2.业务融合在公共法律服务数字化平台建设中的重要性

在公共法律服务数字化平台建设中，业务融合具有重要的意义。业务融合可以推动公共法律服务数字化平台的创新发展。例如，通过将公共法律服务与电子商务、金融服务等业务进行融合，可以创新法律服务产品和服务模式，为公众提供更加便捷、高效、优质的法律服务。比如，可以在电子商务平台上嵌入法律咨询、法律合同审查等法律服务功能，为电商企业和消费者提供"一站式"的法律服务解决方案；可以在金融服务平台上嵌入金融法律援助等服务功能，为金融消费者提供更加全面、专业的法律服务。业务融合可以提高公共法律服务数字化平台的服务质量和用户体验。例如，通过将公共法律服务与其他业务进行融合，可以实现服务流程的优化和协同，减少公众的办事环节和时间成本，提高公众的满意度。同时，业务融合可以为公众提供更加个性化、多样化的服务选择，满足公众不同的法律服务需求和消费习惯。

（三）坚持安全与效率并重

1.数字化平台建设中的安全保障

确保数据的安全至关重要。为了实现这一目标，数字化平台在建设之初，就需构建多层次的安全防护体系。通过采用先进的加密技术，对所有传输和存储的数据进行加密处理，从而防止数据在传输或存储过程中被篡改。同时，建立完善的访问控制机制，确保只有经过授权的用户才能访问敏感数据，防止数据泄露。除了数据加密和访问控制，数字化平台应定期进行安全漏洞扫描和风险评估，及时发现并消除潜在的安全隐患。此外，建立应急响应机制，以应对可能发生的安全事件，确保在出现问题时能够迅速响应并降低损失。通过这些措施，数字化平台能够在保障用户数据安全的同时，为用户提供稳定可靠的法律服务。值得一提的是，数字化平台应注重对用户隐私的保护。在收集和使用用户信息时，应明确告知用户信息的收集范围、使用目的和保护措施，并严格遵守相关法律法规，确保用户隐私不受侵犯。

2.数字化平台建设中的效率追求

高效的数字化平台能够为用户提供更快捷、更便利的法律服务，从而提升用户满意度和平台竞争力。为了实现这一目标，数字化平台在建设过程中，应注重优化技术架构和业务流程。通过采用高性能的数据库和缓存系统，以及合理的负载均衡和集群部署策略，可以显著提高数字化平台的响应速度和数据处理能力。同时，利用云计算和大数据技术，实现资源的动态分配和数据的智能分析，进一步提升数字化平台的运行效率和服务质量。除了技术架构的优化，业务流程的简化也是提高效率的重要手段。数字化平台应对各项法律服务流程进行深入分析，找出流程中的瓶颈和浪费环节，并进行针对性的改进。通过简化流程、减少不必要的环节和等待时间，可以显著提高服务效率和用户体验。此外，数字化平台应注重智能化和自动化的应用。通过引入人工智能和机器学习等技术手段，实现法律服务的智能化推荐和自动化处理，进一步提高服务效率和准确性。

三、公共法律服务数字化平台的推广与应用

（一）数字化平台在公共法律服务中的运用

1.数字化平台对于公共法律服务的影响

借助互联网和移动技术的快速发展，数字化平台已经成为公众获取法律服务的新途径。这类数字化平台通过整合线上线下资源，为用户提供了一种全天候、无障碍的法律服务环境。用户只需通过几次点击或滑动，就能轻松获取专业的法律服务，无须面对面咨询或长时间等待。数字化平台不仅简化了服务流

程，而且通过智能化的案件管理系统，使得法律服务人员能够更高效地处理数字化案件。数字化平台上的在线咨询、电子文档共享、视频会议等功能，都极大地节省了双方的时间和成本。此外，数字化平台能根据用户的需求和偏好，推荐最合适的法律专家和解决方案，这种个性化的服务方式在传统法律服务中是很难实现的。除了提供直接的法律咨询服务，数字化平台还是普法宣传的重要阵地。通过发布法律资讯、解读法律法规、分享典型案例等方式，数字化平台帮助用户数字化提升法律意识，预防法律风险。这种寓教于乐的普法方式，既增强了用户的法律意识，也拉近了法律与公众的距离。

2.数字化平台在公共法律服务中的创新作用

数字化平台在公共法律服务中的运用，带来了服务模式的创新，这些数字化平台利用大数据、人工智能等先进技术，推动了法律服务行业的深刻变革。比如，通过大数据分析，数字化平台可以精准洞察用户的需求和行为模式，为法律服务提供更加科学的数据支持。同时，人工智能的应用也使得法律服务更加智能化，如智能法律咨询机器人能够为用户提供初步的法律解答和建议。但在这一过程中，数字化平台需要解决服务质量和用户体验的问题。虽然数字化平台提供了便捷的法律服务获取方式，但如何保证服务质量、提高用户体验，仍是数字化平台需要不断探索和完善的问题。数字化平台需要通过建立严格的服务标准和质量监控体系，确保用户能够获得专业、满意的法律服务。

（二）与其他法律服务机构的合作和联动

1.加强与其他法律服务机构的合作，共同推广公共法律数字化平台

数字化平台的出现，为公众提供了更加便捷、高效的法律服务渠道，同时为法律服务机构之间的合作和联动提供了新的机遇。公共法律数字化平台是一种创新的法律服务模式，通过整合各类法律服务资源，为公众提供"一站式"的法律服务。通过数字化平台，公众可以方便地获取法律咨询、法律援助、公证服务、司法鉴定等各类法律服务，大大提高了法律服务的可及性和便利性。其他法律服务机构包括律师事务所、法律援助机构、公证处、司法鉴定机构等。通过与这些机构的合作，可以整合各方资源，为公众提供更加全面、优质

的法律服务。与其他法律服务机构的合作和联动可以提高公共法律数字化平台的知名度和影响力。通过与这些机构的合作，可以共同推广数字化平台，让更多的公众了解和使用数字化平台。这不仅可以提高数字化平台的使用率，而且可以提高公众对法律服务的认知度和满意度。要加强与其他法律服务机构的合作与联动，需要建立有效的沟通机制和合作模式。沟通机制可以包括定期的会议、培训、交流等活动，让各方了解彼此的工作进展和需求，及时解决合作过程中出现的问题。合作模式可以包括资源共享、服务互补、联合推广等方式，让各方在合作中实现互利共赢。此外，需要加强对公共法律数字化平台的宣传和推广。宣传和推广可以包括线上和线下两种方式，线上可以通过官方网站、微信公众号、微博等新媒体平台进行宣传，线下可以通过举办活动、发放宣传资料等方式进行推广。通过多种渠道的宣传和推广，可以提高公众对数字化平台的认知度和使用率，更好地发挥数字化平台的作用。

2.通过合作与联动，提升公共法律服务的质量和效率

在当今社会，公共法律服务的重要性日益凸显。公共法律服务是指由政府主导，社会参与，为保障公民基本权利、维护社会公平正义、促进社会和谐稳定而提供的法律服务。公共法律服务数字化平台是一种创新的公共法律服务模式，它利用互联网、大数据、人工智能等现代信息技术，为公众提供便捷、高效、优质的法律服务。通过与其他法律服务机构的合作与联动，公共法律服务数字化平台可以整合各方资源，提升公共法律服务的质量和效率。例如，数字化平台可以与律师事务所、公证处、司法鉴定机构等专业机构合作，为公众提供法律咨询、法律援助、公证服务、司法鉴定等"一站式"服务。这样，不仅可以避免公众在不同机构之间往返奔波，而且可以提高服务的专业性和权威性。此外，数字化平台可以与政府部门、司法机关、社会组织等建立联动机制，实现信息共享、业务协同、服务联动。例如，数字化平台可以与法院、检察院、公安机关等建立信息共享机制，及时获取案件信息和证据材料，为律师提供更加全面、准确的诉讼支持。这样，不仅可以提高诉讼效率，而且可以保障司法公正。

第三节 利用大数据、人工智能等技术提升公共法律服务效率

一、大数据技术与人工智能技术在公共法律服务中发挥的作用

（一）大数据在公共法律服务中的功能与作用

1.大数据的优势

大数据作为当今时代的重要技术之一，以其海量的数据规模、多样的数据类型和快速的数据处理速度，为各行各业带来了巨大的变革。大数据的数据体量巨大，通常以太字节（TB）、拍字节（PB）甚至艾字节（EB）为单位来衡量，这种大规模的数据量为深入分析和挖掘提供了丰富的素材。同时，大数据的类型也极为多样，包括结构化数据、半结构化数据和非结构化数据等，这使得大数据能够更全面地反映现实世界的复杂性和多样性。而且，在大数据时代，数据的产生和更新速度非常快，这就要求数据处理系统能够迅速地对这些数据进行分析和处理。大数据技术的快速发展为实时数据处理提供了可能，使得企业能够及时获取有价值的信息，做出更明智的决策。尽管大数据的价值密度相对较低，即从海量数据中提取有价值的信息难度较大，但一旦成功提取，这些信息将具有极高的商业价值。

2.大数据在法律检索中的运用

在传统的法律检索中，律师或法律研究者往往需要翻阅大量的法律文献和案例，耗费大量的时间和精力。而随着大数据技术的引入，这一过程变得高效而精准。大数据技术能够对海量的法律数据进行高效的处理和分析，帮助用户快速定位到所需的信息。通过智能化的搜索引擎和算法，用户可以轻松地检索到相关的法律条文、案例、学术论文等，大大提高了法律检索的效率和准确性。在法律实务中，大数据技术的应用能够帮助律师更好地进行案例分析和法律研究。通过对大量案例数据的挖掘和分析，律师可以更加深入地了解案件的规律和趋势，为

案件的辩护和诉讼提供更加有力的数据支持。同时，大数据技术为法律风险管理提供了新的手段。企业可以利用大数据技术对市场、竞争对手和自身进行深度的数据分析，及时发现和应对潜在的法律风险。这种基于数据的决策方式，不仅提高了企业的风险管理能力，而且为企业的发展提供了更加科学的依据。

（二）人工智能在法律服务中的作用

在法律服务领域，人工智能的应用正在逐渐改变传统的服务模式，展现出其独特的特点与优势。这种技术的引入，不仅提升了法律服务的效率和质量，而且使法律服务更加贴合民众的实际需求，实现了法律服务的智能化和个性化。通过深度学习、自然语言处理等先进技术，人工智能能够模拟人类的思维过程，对法律问题进行精准的分析和判断。它可以理解并解析复杂的法律条文和案例，为用户提供准确的法律意见和解决方案。同时，人工智能可以实现自动化处理，减少人为因素的干扰和错误，提高服务的稳定性和可靠性。人工智能可以通过大数据分析、模式识别等技术手段，快速准确地获取相关信息，辅助法律工作者进行案件处理和分析。这不仅大幅缩短了服务时间，而且提高了服务的准确性和可靠性。此外，人工智能技术能够提供更加个性化的法律服务。通过对用户数据的深度挖掘和分析，人工智能技术能够准确把握用户的法律需求和偏好，为用户提供更加精准的法律建议和解决方案。这种个性化的服务方式，不仅提高了用户的满意度和体验，而且使得法律服务更加符合用户的需求和期望。人工智能技术在法律服务中的应用还具有扩展性和可复制性。一旦训练好的法律人工智能模型得到验证和优化，它可以被广泛应用于各种法律场景，不受地域和时间的限制。

二、利用大数据技术提升公共法律服务效率的策略

（一）加强数据信息的挖掘与利用

1.数据信息挖掘在公共法律服务中的应用

面对海量的法律案例、法律法规以及司法解释等数据，如何高效地提取有

价值的信息，成为提升法律服务质量的关键。在公共法律服务中，数据信息挖掘技术的运用不仅限于简单的数据检索和整理。通过深度挖掘，可以发现隐藏在大量数据背后的规律与趋势，进而为法律服务提供更为精准的指导和建议。例如，在案件处理过程中，通过对历史案例数据的挖掘，律师和法务人员能够迅速找到类似案例的判决结果和法律依据，为当前案件的处理提供有力支持。此外，随着社会的不断发展和法律环境的变迁，某些法律条款的适用可能会发生变化。通过挖掘和分析大量的法律数据，可以及时发现这些变化，并预测未来的法律适用趋势，从而为法律服务提供更具前瞻性的建议。

2.数据信息利用对公共法律服务质量的提升

在公共法律服务领域，数据信息的有效利用是提升服务质量的重要手段。通过大数据技术的支持，可以更加充分地利用各类法律数据，为法律服务提供更为全面和深入的支持。在处理法律问题时，律师和法务人员需要全面了解相关的法律法规、案例以及司法解释等信息。通过大数据技术的支持，这些信息可以被系统地整合和利用，为法律服务提供坚实的知识基础。此外，每个法律问题都有独特性，需要根据具体情况制定解决方案。通过深入分析相关的法律数据，可以发现类似问题的处理方式和法律依据，从而为当前问题提供个性化的解决方案。数据信息的利用还有助于提升法律服务的预见性。通过对历史法律数据的挖掘和分析，可以预测未来可能出现的法律问题以及相应的处理方式，这有助于提高服务的质量和效率。

（二）构建法律知识图谱

1.构建法律知识图谱，实现高效法律检索

在传统的法律工作中，律师和法务人员常常需要耗费大量时间在浩瀚的法律文献中寻找相关信息，这一过程不仅烦琐而且效率低下。通过构建法律知识图谱，这一问题得到了有效解决。法律知识图谱以结构化的方式表示法律知识，将法律概念、法律关系和法律实体之间的复杂联系进行清晰的展现。这种结构化的知识表示方法，使得法律知识变得更加易于理解和查询。当律师需要查找某个法律问题时，可以通过法律知识图谱直接定位到相关的法律条文、案例和解释，无须再翻阅大量的纸质资料或进行复杂的搜索操作。此外，传统的关键词检索往往只能找到包含特定词汇的文档，而无法理解词汇背后的语义关系。基于法律知识图谱的检索系统可以理解用户的查询意图，并反馈与之相关的法律知识，大大提高了检索的准确性和效率。

2.法律知识图谱在智能推理与决策支持中的应用

法律知识图谱通过揭示法律概念、法律关系和法律实体之间的内在联系，为智能推理提供了丰富的知识库和推理依据。在面临复杂的法律问题时，律师可以借助法律知识图谱进行智能推理，快速分析出问题的关键点和解决方案。法律知识图谱中的法律概念和关系构成了严密的逻辑推理网络，使得律师能够从多个角度审视问题，并找到最合适的法律解释和应用。此外，法律知识图谱可以为法律决策提供支持。在案件处理过程中，律师需要综合考虑各种法律因素，做出明智的决策。法律知识图谱可以为律师提供全面的法律知识背景和案例分析，帮助律师权衡利弊、预测结果，并制定出最优的决策方案。

（三）推动公共法律服务实现智能化发展

1.大数据技术在公共法律服务智能化发展中的应用

随着信息技术的飞速发展，大数据技术已经成为推动公共法律服务智能化发展的重要力量。大数据技术可以为公共法律服务提供更全面、准确和实时的数据支持，从而提高服务的效率和质量。具体来说，通过收集和整合大量的法律数据，可以建立起一个全面、准确的法律数据库。这个数据库可以为公共法律服务提供有力的支持，律师和法律服务工作者可以通过查询数据库，快速获取相关的法律信息，为客户提供更准确、专业的法律服务。利用大数据技术和自然语言处理技术，可以开发出智能法律问答系统。这个系统可以理解用户的问题，并通过对数据库的查询和分析，给出准确、详细的答案。智能法律问答系统可以为用户提供24小时不间断的法律服务，大大提高了服务的效率和便利性。通过对用户的需求和行为数据的分析，可以实现个性化法律服务的推荐。根据用户的历史咨询记录、浏览行为等，可以为用户推荐相关的法律服务产品和服务提供商。此外，大数据技术可以对大量的法律数据进行分析和挖掘，为政府和企业提供决策支持和风险评估。例如，通过对以往的诉讼案件进行分析，可以发现潜在的法律风险，并提前采取措施进行防范。

2.大数据技术提升公共法律服务效率的途径

大数据技术可以通过对海量数据的处理和分析，快速准确地找到用户需要的信息。例如，在法律数据库中，用户可以通过关键词搜索等方式，快速找到相关的法律法规、案例等信息，从而提高信息检索的效率。通过对法律服务流程中的各个环节进行数据分析，可以发现其中的瓶颈和问题，并进行优化和改进。例如，通过对案件处理时间、客户满意度等数据的分析，可以发现案件处理中的问题，并采取措施进行改进，从而提高法律服务的效率和质量。大数据技术可以促进法律服务机构之间的协同和共享。例如，在法律援助中，不同地区的法律援助机构可以通过共享数据和信息，协同开展法律援助工作，提高法律援助的效率和覆盖面。此外，大数据技术可以通过智能化算法和机器学习技术，实现法律服务的智能化和自动化。例如，智能法律问答系统、智能合同审查系统等，可以通过对大量数据的学习和训练，实现法律服务的智能化和自动化，提高法律服务的效率和质量。

三、利用人工智能技术提升公共法律服务效率的策略

（一）自动化法律文书生成与分析

1.自动化法律文书生成技术的革新与效率提升

在数字化时代，自动化法律文书生成技术正逐步成为法律领域的一大创新力量。借助先进的人工智能技术，尤其是深度学习算法，机器可以处理和分析海量的法律案例与文书数据，从中提炼出关键的法律信息和要素。这一技术的核心在于让机器理解法律语言的复杂性和专业性，从而能够在没有人工干预的情况下，根据预设的模板或规则，自动生成各类法律文书。传统的法律文书生成方式往往依赖于律师或法律专家的手工操作，不仅效率低下，而且容易出错。自动化生成技术的出现，极大地改变了这一现状。它可以在短时间内生成大量标准化、格式化的法律文书，如合同、诉状、答辩状等，大大提高了工作

效率。此外，这种技术可以根据具体的案件情况和法律要求，进行个性化的定制和调整，确保生成的文书既符合法律规定，又能满足客户的实际需求。除了提高生成效率外，自动化法律文书生成技术有助于提升文书的质量。通过深度学习算法对法律案例和文书的不断学习和优化，机器可以逐渐提高其对法律条文和案例的理解与把握能力，从而生成更加准确、全面的法律文书。同时，这种技术可以自动检查生成的文书中可能存在的逻辑错误或法律漏洞，确保文书的合规性和可靠性。

2.人工智能在法律文书分析中的精准性与合规性保障

人工智能技术在法律文书分析方面的应用，正逐渐展现出其精准性和合规性保障的显著优势。通过深度学习和自然语言处理等技术手段，人工智能可以深入剖析法律文书的内在逻辑和法律要素，实现对文书的全面、细致分析。在精准性方面，人工智能凭借强大的数据处理和模式识别能力，能够迅速识别出法律文书中的关键信息、法律条款和案例引用，并对其进行准确分类和归纳。这种能力使得人工智能在分析复杂的法律问题时，能够迅速把握问题的核心和要点，避免遗漏或误解关键信息。同时，人工智能还可以通过不断学习和优化算法，提高自身的分析精准度，确保分析结果的准确性和可靠性。在合规性保障方面，人工智能同样发挥着不可替代的作用。通过预设的规则和算法，人工智能可以对生成的法律文书进行自动检查，确保文书的格式、内容和表述符合法律法规的要求。此外，人工智能可以根据最新的法律条文和案例更新，对分析结果进行实时调整和优化，确保分析结果的时效性和合规性。值得一提的是，人工智能在法律文书分析中的应用还具备高度的可扩展性和灵活性。无论是针对不同类型的法律文书，还是针对不同领域的法律问题，人工智能都可以通过调整算法和参数来适应不同的分析需求，为法律从业者提供更加便捷、高效的分析工具。

（二）智能法律信息检索与案例匹配

1.智能法律信息检索的效率和准确性

在公共法律服务领域，智能法律信息检索系统的出现极大地提升了法律工作的效率和准确性。这种系统运用了先进的自然语言处理技术，使得计算机能够深入理解用户的查询意图，无论是简单的法律词汇查询，还是复杂的法律问题分析，系统都能迅速给出相关回应。传统的法律检索往往依赖于关键词匹配，但这种方式在处理自然语言时存在很多局限性，比如同义词、一词多义等问题，而智能法律信息检索系统则能更好地处理这些语言上的复杂性。这就要求用户输入查询请求，系统通过自然语言处理技术理解查询的语义，然后在海量的法律文献数据库中检索相关信息。系统能够精确地找到与查询意图最匹配的信息，甚至能够根据用户的查询历史和行为习惯进行智能推荐。此外，这些智能系统能提供个性化的检索服务。通过对用户行为的分析和学习，系统能够不断优化检索结果，使其更符合用户的实际需求。比如，对于经常从事公司法务的用户，系统可能会更多地推荐与公司法相关的信息和案例。

2.人工智能在案例匹配中的应用与价值

在法律实践中，找到与当前案件相似的历史案例对于律师和法律工作者来说具有极高的价值。人工智能技术在案例匹配中的应用，正是为了解决这一问题而诞生的。通过机器学习和数据挖掘技术，人工智能能够深度分析案例库中的大量数据，找到与当前案件在事实、法律问题和判决结果等方面相似的历史案例。人工智能系统会对案例库中的每个案例进行详细的特征提取，包括案件类型、争议焦点、法律适用等多个维度。当用户输入一个新的案件时，系统会提取新案件的特征，并与案例库中的数据进行比对。通过复杂的算法和模型，系统能够找出与新案件最为相似的历史案例。通过查看相似案例的判决结果和法律适用情况，律师可以更好地预测新案件的走向和可能的结果，从而为客户制定更为精准的法律策略。

第四节　数字化转型的挑战与应对策略

一、数字化转型给公共法律服务带来的挑战

（一）缺乏数字化应用理念

1.公共法律服务中数字化应用理念的缺失与影响

在当今数字化浪潮席卷的时代，公共法律服务作为社会公正与法治建设的重要一环，其数字化转型显得尤为迫切。但在公共法律服务领域中，数字化应用理念的缺失却成为制约其发展的瓶颈。数字化应用理念的缺失，使得公共法律服务在信息化、智能化方面滞后于时代需求。传统的公共法律服务方式往往依赖于人工操作和纸质文档，效率低下且容易出错。而数字化应用能够将法律服务流程电子化、自动化，提高服务效率和质量。由于缺乏对数字化技术的深入了解和应用，许多公共法律服务机构仍停留在传统的服务模式上，无法充分利用数字化技术带来的便利和优势。此外，在数字化时代，数据的共享和整合是实现高效、便捷法律服务的关键。由于缺乏数字化应用理念，许多公共法律服务机构在数据处理和共享方面存在障碍，无法充分利用大数据、云计算等先进技术来提升服务质量。这不仅影响了法律服务的效率，而且制约了公共法律服务体系的完善和发展。更重要的是，在数字化时代，公众对于法律服务的需求日益多样化、个性化，而缺乏数字化应用理念的公共法律服务往往无法满足这些需求。这不仅导致了法律服务资源的浪费，而且削弱了公众对于法律服务的信任和满意度。因此，加强公共法律服务中数字化应用理念的推广和普及，提升法律服务机构的数字化应用能力，成为当前亟待解决的问题。

2.强化公共法律服务中数字化应用理念的必要性

数字化应用理念的强化，不仅有助于提高公共法律服务的效率和质量，更是推动法治社会建设的重要举措。强化数字化应用理念，有助于提升公共法律服务的智能化水平。通过引入人工智能、大数据等先进技术，可以实现法律服务流程的自动化和智能化处理，提高服务效率和质量。例如，利用智能问答系统，可以快速解答公众的法律咨询；通过数据挖掘和分析，可以精准识别法律服务需求，为公众提供更加个性化的服务。此外，数字化技术为公共法律服务

提供了无限可能，通过不断探索和实践，可以创造出更加高效、便捷、智能的法律服务模式和产品。同时，强化数字化应用理念有助于提升公共法律服务的社会认知度和普及程度。通过数字化手段，可以更加广泛地宣传和推广公共法律服务，提高公众对于法律服务的认知度和信任度。此外，数字化应用能够降低法律服务的门槛和成本，使更多的人能够享受到优质的法律服务。

（二）数字化技术人才短缺

1.法律与数字化技术复合型人才的稀缺性

在当今数字化时代，随着信息技术的迅猛发展，法律行业也正面临着前所未有的变革。这一变革不仅对法律服务的方式和效率提出了新的要求，更对法律人才的知识结构和技能水平设定了更高的标准。而目前既懂法律知识又懂数字化技术的复合型人才却显得尤为匮乏，这无疑成为制约法律行业数字化转型的一大瓶颈。这种复合型人才的稀缺性，源于法律和数字化技术两大领域的专业性和深度。法律知识的庞杂和精细，要求从业者必须具备扎实的法律功底和敏锐的法律思维。而数字化技术，尤其是与法律服务紧密结合的技术，如大数据分析、人工智能等，则需要从业者具备相应的技术背景和实操能力。这两者的结合，不仅需要跨领域的知识储备，更需要在实践中不断摸索和融合。由于这种复合型人才的培养周期长、难度大，且需要跨学科的教育资源和实践机会，因此其数量远远无法满足当前法律服务市场的需求。这不仅影响了法律服务的效率和质量，更在一定程度上制约了法律行业的创新和发展。

2.法律与数字化技术复合型人才培养的重要性

随着数字化浪潮的推进，法律服务行业正面临着前所未有的挑战与机遇。在这一背景下，培养既懂法律知识又懂数字化技术的复合型人才显得尤为重要。这种复合型人才不仅能够深刻理解法律问题的本质，而且能够熟练运用数字化技术提升法律服务的效率和质量。这类人才能够推动法律服务模式的创新。可以利用数字化技术，开发出更加便捷、高效的法律服务产品，从而满足客户日益多样化的需求。这类人才有助于提升法律服务的专业水平，通过运用大数据、人工智能等技术手段，可以对法律问题进行更加深入的分析和研究，为客户提供更加精准、专业的法律建议。此外，随着全球化的深入发展，法律服务行业正逐渐融入国际市场。具备跨领域知识和技能的复合型人才，能够更好地适应国际法律服务市场的需求，推动国内法律服务机构走向世界。因此，必须高度重视法律与数字化技术复合型人才的培养工作。通过采取优化教育资源分配、加强跨学科合作、提供实践机会等措施，努力打造一支既具备扎实法律知识又精通数字化技术的高素质人才队伍，为法律服务行业的持续发展和创新提供有力的人才保障。

（三）法律服务模式创新不足

1.法律服务模式创新方面存在的不足之处

在传统的法律服务模式中，律师和法务人员主要依赖个人的专业知识和经验来处理法律问题，这种模式在一定程度上已经难以满足当今社会对法律服务的多样化、高效化需求。尤其是在数字化转型大背景下，传统的法律服务模式的局限性愈发凸显。一方面，传统的法律服务模式在处理复杂、烦琐的法律问题时，往往效率低下，成本高昂。律师需要花费大量的时间查阅法律条文、案例资料，进行烦琐的法律分析，这不仅增加了服务成本，而且延长了解决问题的周期。而在数字化时代，人们期望法律服务能够更加迅速、精准地解决问题，传统的法律服务模式显然难以适应这一需求。另一方面，传统的法律服务模式缺乏对新兴技术的有效应用和创新实践。尽管现代科技在法律服务领域具有巨大的应用潜力，但许多法律服务机构仍停留在传统的服务模式上，未能充分利用这些先进技术来提升服务质量。例如，人工智能、大数据等技术在法律服务中的应用，可以实现对法律问题的快速分析、预测和解决方案的自动生成，但这些技术在传统的法律服务模式中的应用并不广泛。因此，法律服务模式的创新不足已经成为制约法律服务行业发展的瓶颈。为了适应数字化时代的需求，法律服务机构需要积极探索新的服务模式，将现代科技与法律服务相结合，推动法律服务行业的创新发展。

2.数字化转型需求与传统法律服务模式不匹配

数字化转型是当前社会发展的必然趋势，法律服务行业也不例外。而传统的法律服务模式与数字化转型的需求之间存在着明显的不匹配，这在一定程度上阻碍了法律服务行业的数字化转型进程。一方面，传统的法律服务模式注重个人经验和专业知识，而数字化转型则更加注重数据的收集、分析和应用。在传统的法律服务模式下，律师往往依赖自己的经验和直觉来处理法律问题，而缺乏对数据的深入分析和应用。这种差异导致传统的法律服务模式难以适应数字化转型的需求，难以充分利用数字化技术来提升服务质量。另一方面，传统的法律服务模式的服务流程和方式也与数字化转型的需求存在不匹配。数字化转型要求法律服务能够实现线上化、自动化和智能化，而传统的法律服务模式往往以线下服务为主，流程烦琐且效率低下。这种不匹配使得法律服务机构在数字化转型过程中面临着诸多挑战，如何实现线上线下服务的有效衔接、如何构建高效自动化的法律服务流程等。为了解决这些问题，法律服务机构需要深入了解数字化转型的需求和趋势，积极探索新的服务模式和技术应用。通过引入现代科技手段，优化服务流程，提升服务质量，法律服务行业才能更好地适应数字化转型的时代要求，实现更加高效、便捷、智能的法律服务。

二、数字化转型背景下公共法律服务的应对策略

（一）增强数字化应用意识

1.提高公共法律服务数字化技术应用意识的重要性

随着信息技术的飞速发展，数字化技术已经被广泛应用于各个领域，包括公共法律服务。数字化技术的应用可以提高服务效率、降低服务成本、提升服务质量，更好地满足人民群众日益增长的法律服务需求。而一些公共法律服务机构和从业人员对数字化技术的应用意识还不够强，缺乏对数字化技术的了解和掌握，导致数字化技术在公共法律服务中的应用不够广泛和深入。因此，提高公共法律服务数字化技术应用意识是当务之急。

2.提高公共法律服务数字化技术应用意识的途径和方法

公共法律服务机构可以组织开展数字化技术培训，邀请专家学者和技术人员授课，提高从业人员的数字化技术应用能力。数字化技术培训可以包括数字

化技术基础知识、数字化技术应用案例、数字化技术应用技巧等方面内容。公共法律服务机构可以通过各种媒体和平台，加强对数字化技术的宣传推广，提高人民群众对数字化技术的认识和了解，增强人民群众对数字化技术的应用意识。公共法律服务机构可以积极开展数字化技术应用实践，探索数字化技术在公共法律服务中的应用模式和方法，不断提高数字化技术的应用水平和效果。

（二）加强数字基础设施建设

1.加强公共法律服务数字基础设施建设的必要性

随着信息技术的不断发展，传统的法律服务方式已经无法满足公众对便捷、高效法律服务的需求。因此，加大对网络、硬件等基础设施的投入，提升公共法律服务的信息化水平，显得尤为重要。一种稳定、高效的网络环境能够确保法律服务信息的实时传输和共享，使得法律服务机构能够更快速地响应公众需求，提供更加精准的法律咨询和援助。同时，先进的硬件设备（如高性能计算机、大数据存储设备等）能够支持大规模的法律数据分析和处理，为法律服务机构提供更加科学的决策支持。此外，加强数字基础设施建设有助于缩小城乡、区域间的法律服务差距。在一些偏远地区，由于网络、硬件等基础设施欠缺，公众往往难以获得及时、有效的法律服务。通过加大对这些地区数字基础设施的投入，可以推动法律服务资源的均衡分布，让更多的人享受到优质的法律服务。

2.提高公共法律服务信息化水平的具体措施

通过铺设高速光纤网络、增设无线网络基站等方式，提升法律服务机构的网络覆盖范围和网络传输速度，确保信息传输的及时性和稳定性。同时，加强网络安全防护，保障法律服务信息的安全性和保密性。还要引进高性能计算机、服务器和存储设备，提升法律服务机构的数据处理能力和存储容量。这不仅可以加快法律咨询、案件办理等流程的速度，而且能为大数据分析、人工智能等技术的应用提供强大的硬件支持。开发适用于法律服务行业的信息化管理系统、在线法律咨询平台等，实现法律服务流程的数字化、智能化。通过这些系统，可以方便地管理案件信息、客户信息等，提高法律服务机构的工作效率和客户满意度。定期组织法律服务人员参加信息化技能培训，提高他们的计算机操作水平、信息处理能力和网络安全意识。这样，不仅可以确保法律服务人员能够熟练使用各种信息化工具和设备，而且能够有效防范网络安全风险。

（三）培养和引进数字化技术人才

1.加强与高校、科研机构的合作，培养复合型法律科技人才

随着数字化技术在公共法律服务中的广泛应用，培养复合型法律科技人才已经成为当务之急。加强与高校的合作是培养法律科技人才的重要途径。高校作为人才培养的重要基地，具有丰富的教学资源和科研实力。通过与高校建立合作关系，可以利用高校的师资力量和科研成果，共同培养法律科技人才。科研机构具有丰富的科研经验和创新能力，可以通过与科研机构建立合作关系，共同开展科研项目，培养法律科技人才的创新能力和实践能力。然而，要加强与高校、科研机构的合作，需要政府、企业和高校、科研机构共同努力。政府可以出台相关政策，支持企业与高校、科研机构建立合作关系，共同培养法律科技人才。企业可以提供实践机会和资金支持，高校和科研机构可以提供师资力量和科研资源，共同为培养法律科技人才作出贡献。

2.通过引进外部技术团队等方式，提升公共法律服务的技术水平

为了提升公共法律服务的技术水平，需要引进外部技术团队。外部技术团队具有丰富的经验和专业知识，能够带来先进的技术和理念，为公共法律服务机构提供技术支持和解决方案。然而，引进外部技术团队也可能面临一些挑战和风险。例如，外部技术团队可能对公共法律服务的需求和特点了解得不够深入，需要一定的时间来适应和融入。此外，外部技术团队的成员可能存在文化差异和沟通障碍，需要加强沟通和协调，以确保项目的顺利进行。对此，在引进外部技术团队之前，需要对其进行充分的调研和评估，了解其技术实力、经验水平、文化背景等方面的情况。在项目实施过程中，还需要加强沟通和协调，建立有效的沟通机制和协调机制，及时解决项目实施过程中出现的问题和风险。此外，在项目结束后，需要对项目进行全面的总结和评估，汲取经验教训，为今后的项目实施提供参考。

（四）推动法律服务模式创新

1.数字化转型助力公共法律服务模式创新的重要性

随着大数据、云计算、人工智能等技术的不断发展，传统的法律服务模式正在被逐步打破，取而代之的是更加高效、便捷、个性化的新型法律服务模式。通过数字化技术，法律服务可以突破时间和空间的限制，采取在线咨询、远程办案等新型服务方式，极大地方便了群众获取法律帮助。数字化技术可以大幅提高法律服务的工作效率，如通过智能法律文书生成系统，可以快速生成规范化、标准化的法律文书，减少人工操作的时间和成本。借助大数据和人工智能技术，可以对法律服务进行更加精准的分析和预判，提高法律服务的针对性和实效性。数字化转型不仅改变了公共法律服务的外在形式，更触动了其内在逻辑和服务理念。传统的法律服务往往以律师或法律机构为中心，而数字化转型则推动了以用户为中心的服务理念的确立。法律服务提供者需要更加主动地了解用户需求，通过数据分析来优化服务流程，提升用户体验，为构建更加公正、高效的法律服务体系奠定了坚实的基础。

2.数字化转型在公共法律服务模式创新中的实践应用

在公共法律服务领域，数字化转型已经带来了显著的模式创新。在线法律服务平台如雨后春笋般涌现，这些平台利用互联网技术，为用户提供法律咨询、文书撰写、案件委托等"一站式"服务。用户只需通过电脑或手机，就能随时随地获得专业的法律帮助，这大大降低了法律服务的门槛和成本。除了在线服务平台，数字化技术在法律援助、法治宣传等方面发挥了重要作用。例如，通过大数据分析，法律援助机构可以更加精准地识别需要帮助的群体，提供有针对性的援助服务。同时，借助社交媒体、短视频等新型传播渠道，法治宣传可以覆盖更广泛的受众，增强群众的法治意识和法律素养。此外，数字化转型在推动公共法律服务与其他领域的深度融合。比如，在智慧城市建设过程中，法律服务可以与政务服务、社会服务等领域实现数据共享和业务协同，为群众提供更加便捷、高效的综合服务。这种跨领域的合作与创新，不仅提升了法律服务的整体水平，而且为构建更加和谐、有序的社会环境贡献了力量。

第七章
现代公共法律服务对重大发展战略的支撑与保障

第一节　公共法律服务在区域发展战略中的作用

一、公共法律服务与区域发展战略的关系

（一）公共法律服务对区域发展战略的支撑作用

1.公共法律服务促进区域法治环境建设

法治是现代社会治理的基石，对于区域经济的稳定与发展具有重大意义。公共法律服务通过提供法律咨询、法律援助、法治宣传等多种方式，为区域内各类主体提供了便捷、高效的法律服务。这不仅有助于普及法律知识，提升公民和企业的法治意识，而且能有效预防和解决各类法律纠纷。在一种法制健全的环境中，企业能够更加安心地进行生产经营，投资者也能更有信心地进行长期投资，从而推动区域经济持续健康发展。此外，公共法律服务通过规范政府行为、保护市场主体合法权益等方式，为区域发展营造了一种公平、公正、透明的法治环境，进一步增强了区域的吸引力和竞争力。

2.公共法律服务助力区域经济社会稳定发展

在经济发展过程中，各地区之间的竞争变得日益激烈，而一种稳定的社会环境和有序的经济运行则成为吸引外部资金、技术和人才的关键因素。公共法律服务以专业的法律咨询和法律援助功能，为这一稳定与发展提供了坚实的法

律后盾。对于企业而言，合规经营是立足市场之根本。公共法律服务深入企业，为其提供全面的法律咨询，帮助其建立和完善合规体系，从而有效防范各种法律风险。这不仅增强了企业在复杂多变的市场环境中的抗风险能力，而且为区域经济的稳定增长注入了强大的动力。通过调解、化解各类纠纷，公共法律服务有效地保障了人民群众的合法权益，为区域发展营造了一种和谐安定的社会环境。这种环境的营造，对于吸引外部投资和促进内部创新具有极其重要的意义。

更为值得一提的是，公共法律服务还积极参与到区域发展的宏观规划和政策制定过程中，它运用专业的法律知识，为政府和相关部门的决策提供有力的法律支持，确保各项政策措施的合法性和实施效果。这种前瞻性的参与，不仅提升了区域发展的战略高度，而且增强了政策措施的针对性和实效性。

（二）区域发展战略对公共法律服务的需求

1.区域发展战略下公共法律服务的普及与深化需求

随着区域经济的快速增长，社会各界的法律需求呈现出多样化、复杂化的特点，对公共法律服务的质量和效率提出了更高要求。普及公共法律服务，是区域发展战略下满足人民群众基本法律需求的重要保障。在法治社会建设进程中，公民的法律意识不断提升，对法律服务的渴求也日益增强。无论是日常生活中的法律咨询，还是企业运营中的法律风险防控，都需要公共法律服务体系的支撑。因此，构建覆盖城乡、便捷高效的公共法律服务网络，成为区域发展的迫切需求。通过普及法律知识，提升公民的法律素养，有助于形成全社会尊法学法守法用法的良好氛围，为区域发展提供坚实的法治保障。深化公共法律服务，是区域发展战略下推动法治化营商环境建设的关键举措。在区域合作与竞争中，法治化营商环境是衡量一个地区综合竞争力的重要标志。通过深化公共法律服务，可以为企业提供更加专业、高效的法律服务，帮助企业防范法律风险，优化经营决策，增强市场竞争力。

2.区域发展战略下公共法律服务的创新与协同需求

法治作为现代社会治理的基石，对于确保区域经济的稳定与发展具有不可替代的重要意义。在这样一个时代背景下，公共法律服务以独特的功能和优势，成为推动区域法治化进程的重要力量。而法律咨询是公共法律服务中的重要一环，它使得公民和企业能够随时了解法律动态，解决遇到的法律问题。无论是日常生活中的小事，还是企业经营中的大事，法律咨询都能提供专业的法律意见和建议，帮助人们更好地维护自身权益。法律援助针对那些经济困难或特殊群体，提供免费的法律服务，确保他们在法律面前享有平等的权利和机会。法治宣传是公共法律服务的另一项重要内容。通过举办法律讲座、发放法律宣传资料、开展法治文化活动等方式，公共法律服务有效地普及了法律知识，提升了公民和企业的法治意识，这使得人们更加了解法律、尊重法律、运用法律，从而营造了一种良好的法治氛围。在一种法制健全的环境中，公共法律服务为企业提供了明确的行为规范和经营准则，使得企业能够依法经营、诚信经营。同时，法律为企业的创新和发展提供了有力保障，使得企业能够放心地投入研发、开拓市场。在这样的环境下，投资者也能更有信心地进行长期投资，为区域经济的持续健康发展注入源源不断的动力。

二、公共法律服务在区域发展战略中的价值体现

（一）促进区域经济的稳定发展

1.公共法律服务在区域经济稳定发展中的基础性作用

公共法律服务作为现代社会治理体系的重要组成部分，在促进区域经济稳定发展方面发挥着基础性作用。其通过提供规范化、专业化的法律服务，不仅有助于保障市场主体的合法权益，而且能促进市场环境的法治化，进而为区域经济的健康发展奠定坚实的基础。在区域经济发展过程中，各类市场主体需要在公平、公正的市场环境中进行竞争。公共法律服务通过提供法律咨询、法律援助等服务，帮助市场主体了解法律法规，遵守市场规则，从而确保市场竞争的公平性和透明度。这有助于激发市场活力，促进市场资源的优化配置，推动区域经济的健康发展。此外，在区域经济活动中，公共法律服务通过提供调解、仲裁等法律服务，可以帮助各方当事人依法解决纠纷，维护自身合法权益。这有助于减少因纠纷而引发的社会不稳定因素，为区域经济的稳定发展创

造良好的社会环境。同时，随着创新驱动发展战略的深入实施，区域经济发展需要不断创新和突破。公共法律服务通过提供知识产权保护、科技成果转化等法律服务，可以激发创新主体的创造活力，促进创新成果的转化和应用。这有助于提升区域经济的核心竞争力，推动区域经济实现高质量发展。

2.公共法律服务对区域经济结构的优化与升级助力

通过提供专业的法律指导和服务，公共法律服务能够引导资源向更具潜力和优势的产业流动，推动区域经济实现更加均衡、高效的发展。随着经济的发展和市场的变化，传统产业需要不断进行转型升级，以适应新的发展需求。公共法律服务可以通过提供法律咨询、政策解读等服务，帮助企业了解国家产业政策和市场趋势，引导企业根据自身实际情况制定科学合理的转型升级方案。这有助于推动传统产业朝着高端化、智能化、绿色化方向发展，提升区域经济的整体竞争力。同时，在创新驱动发展战略引领下，新兴产业成为推动区域经济发展的重要力量。公共法律服务可以通过提供知识产权保护、科技成果转化等专业化服务，为新兴产业的发展提供有力支持。这有助于激发创新活力，促进新技术、新产业、新业态的快速发展，为区域经济注入新的增长动力。此外，在区域经济发展过程中，不同地区之间往往存在发展不平衡、不协调的问题。公共法律服务可以通过提供法律援助、普法宣传等服务，帮助欠发达地区提升法治化水平，缩小与发达地区的差距。同时，公共法律服务可以推动区域间的合作与交流，促进资源共享和优势互补，实现区域经济的协同发展。

（二）提升区域社会治理水平

1.公共法律服务增强社会治理的法治化根基

法治化是社会治理现代化的核心要素，它要求所有社会活动均在法律的框架内进行。公共法律服务通过为居民提供法律咨询、法律援助、法律教育等多元化服务，普及了法律知识，提高了居民的法律素养。这使得居民在日常生活和工作中，能够更加自觉地遵守法律法规，依法维护自身权益，同时尊重他人的合法权益。此外，公共法律服务通过参与社区规章制度的制定和修订，确保这些规章制度既符合法律法规，又贴近社区实际，从而为社会治理提供了坚实的法治基础。这种以法治为引领的社会治理模式，不仅提高了社会治理的效率和公正性，而且增强了社会的稳定性与和谐性。

2.公共法律服务助力社会矛盾的有效化解

公共法律服务在助力社会矛盾的有效化解方面，也发挥了至关重要的作用。公共法律服务通过提供专业的法律咨询和法律援助，帮助居民了解自身权利和义务，引导居民通过合法途径解决纠纷。同时，公共法律服务积极参与到矛盾调解中，为双方提供中立的调解平台，协助双方理性沟通，寻求共同的解决方案。这种以法律为基础的矛盾化解方式，不仅能够有效缓解社会矛盾，而且能够增强社会的公信力和凝聚力。更重要的是，公共法律服务通过化解社会矛盾，为区域社会治理创造了和谐稳定的社会环境，推动了社会的持续健康发展。

（三）推动区域法治建设

1.公共法律服务在区域法治建设中的基础支撑作用

公共法律服务作为法治建设的重要组成部分，在推动区域法治化进程中，发挥着不可或缺的基础支撑作用。通过构建完善、高效的公共法律服务体系，能够有效提升区域的法治化水平，为经济社会发展提供坚实的法治保障。法治宣传教育是提高公民法治素养、营造法治氛围的重要途径。公共法律服务通过举办法律讲座、发放普法资料、开展法律咨询等多种形式，将法律知识普及到基层，让法治观念深入人心。这不仅有助于增强公民的法治意识和法律素养，而且能引导公民依法表达诉求、维护权益，形成全社会尊法学法守法用法的良好氛围。随着经济社会的发展，各种利益诉求和矛盾纠纷日益增多。公共法律服务通过提供调解、仲裁等多元化纠纷解决机制，为当事人提供了高效、便捷的纠纷解决途径。这有助于减少诉讼成本、减轻司法负担；同时，能够保障当事人的合法权益，促进社会和谐稳定。此外，在区域经济发展、社会管理等各个领域，都需要依法进行决策和管理。公共法律服务通过提供法律咨询、法律审查等服务，为决策提供了科学依据和法律支持，这有助于推动区域治理体系和治理能力现代化。

2.公共法律服务对区域法治文化建设的促进与引领

法治文化作为法治建设的精神内核，对于提升区域法治化水平、推动法治社会建设具有深远影响。公共法律服务通过普及法律知识、弘扬法治精神，为区域法治文化建设奠定了坚实的基础。通过举办法律讲座、开展法治文化活动等形式，公共法律服务将法律知识融入群众日常生活，让法治观念深入人心。这有助于培育公民的法治信仰和法治思维，形成全社会尊法学法守法用法的良好风尚。公共法律服务在推动区域法治文化建设中，还注重发挥引领和示范作用。通过树立先进典型、宣传法治故事等方式，公共法律服务展示了法治建设的成果和法治文化的魅力。这有助于激发公民参与法治建设的热情和积极性，推动法治文化在区域内的广泛传播和深入发展。同时，公共法律服务通过创新服务形式、提升服务质量，为区域法治文化建设注入新的活力。例如，利用现代信息技术手段提供线上法律服务，拓宽了法律服务的覆盖面和便捷性；通过打造特色法律服务品牌，提升了公共法律服务的社会影响力和认可度。

（四）公共法律服务在区域发展战略中的运用步骤

1.初步分析与规划

在区域发展战略的制定与实施过程中，公共法律服务以专业性和前瞻性，为区域发展提供了坚实的法律支撑。在初步分析与规划阶段，公共法律服务主要聚焦于对区域法律环境的全面梳理与评估。在这一步骤中，公共法律服务机构会深入调研区域发展的法律需求，包括政策法规、行业规范、地方立法等多个层面，以便准确把握区域发展的法律脉络和潜在风险。同时，公共法律服务会对区域发展的法律框架进行初步构建，提出符合区域发展实际的法律建议，为后续的法律服务提供指导。在初步分析与规划过程中，公共法律服务注重与区域发展战略的紧密结合。通过对区域发展战略的深入理解，公共法律服务能够精准把握区域发展的战略意图和目标定位，从而提出更具针对性的法律建议和措施。此外，公共法律服务积极与区域政府、企业等各方主体进行沟通交流，收集各方意见和建议，为区域发展战略的实施提供更加完善的法律保障。通过初步分析与规划，公共法律服务为区域发展战略奠定了坚实的法律基础。

这一步骤不仅有助于降低区域发展中的法律风险，而且为后续的法律服务提供了明确的方向和思路。

2.通过法律实施与监督

公共法律服务作为这一过程中的关键环节，通过其专业的法律咨询和指导功能，为各方主体提供了明确的行动指南。它助力各个参与者严格按照国家法律法规和政策要求开展各项活动，从而确保区域发展的每步都符合法律的规定，不偏离法律的轨道。不仅如此，公共法律服务还肩负着对区域发展过程中法律问题的跟踪和监督任务。这不是一项轻松的工作，需要细致入微的观察、深入的分析以及迅速的反应能力。为了实现这一目标，公共法律服务会定期开展法律风险评估和合规性检查。这些评估与检查就像是一面镜子，能够清晰地反映出区域发展中的每个法律问题，及时发现并纠正那些可能导致法律纠纷的行为。除此之外，基于其对法律的深刻理解和区域发展的实际需求，公共法律服务会提出一系列既符合法律精神又贴近区域实际的政策建议，这些建议旨在推动区域发展战略的持续优化和完善，确保每项政策都能够在法律的框架内得到最有效的实施。在法治社会背景下，公共法律服务既是区域发展战略顺利推进的有力保障，也是确保各方主体权益不受侵害的重要防线。因此，必须充分认识到公共法律服务在法律实施与监督中的核心作用，进一步加强和完善这一服务体系，以推动区域发展战略走向更加法治化、规范化的轨道。

3.风险防控与纠纷解决

区域发展往往涉及多方利益和复杂关系，在这样的背景下，为了有效应对这些风险和挑战，公共法律服务的作用显得尤为突出。公共法律服务凭借专业性和权威性，为区域发展提供了全面的风险评估和预警机制。无论是企业还是政府，都需要在面对复杂多变的市场环境和政策环境时，对潜在的法律风险进行及时识别和应对。公共法律服务通过深入分析区域发展的法律环境、政策走向以及市场趋势，为各方主体提供了精准的法律风险评估，帮助其提前预见并应对可能出现的法律问题。公共法律服务凭借专业的法律咨询和调解服务，能够迅速介入纠纷，为各方主体提供客观、公正的法律意见，帮助他们通过协商、调解等方式解决纠纷，避免矛盾进一步激化。此外，公共法律服务致力于推动建立健全的区域法律纠纷解决机制。通过建立完善的法律服务体系，提供多样化的纠纷解决方式，公共法律服务为区域发展提供了更加高效、便捷的纠纷解决途径。这不仅有助于提升区域发展的法治化水平，而且能够增强社会稳定性，为区域经济的繁荣与进步提供有力保障。

第二节　法律服务与企业发展、投资保护的协同效应

一、公共法律服务对企业发展的影响

（一）公共法律服务在企业管理中的作用

1.公共法律服务对于企业管理的影响

公共法律服务通过为企业提供专业的法律咨询，帮助企业了解和遵守相关法律法规，从而确保企业在经营过程中始终保持合规。此外，公共法律服务能帮助企业构建完善的风险防范机制。在商业活动中，企业难免会遇到各种潜在的法律风险，如合同纠纷、知识产权侵权等。公共法律服务能够为企业提供及时、专业的法律风险评估，指导企业采取有效措施进行风险防范，从而降低企业运营中的不确定性。

2.公共法律服务优化企业内部管理与决策流程

企业内部管理是一个复杂而细致的系统工程，它涵盖了人事、财务、物资等诸多关键环节。在这些环节中，依法行事不仅是企业稳健运营的基石，而且是企业规避法律风险的重要保障。在这一过程中，公共法律服务为企业提供了不可或缺的法律指导。在人事管理方面，公共法律服务能够协助企业建立和完善合法合规的用工制度，确保企业在招聘、用工、解除劳动关系等各个环节都严格遵守劳动法律法规。在财务管理领域，公共法律服务能指导企业建立健全的财务制度，规范企业的财务活动，确保企业在税务申报、资金运作等方面都能依法进行。物资管理同样是企业内部管理的重要组成部分。公共法律服务在

这一方面也能提供专业的法律意见，帮助企业规范物资采购、存储、使用等流程，确保企业在物资管理方面的合法性和合规性。更为关键的是，在企业面临重大决策时，如投资决策、并购决策等，公共法律服务能够为企业提供全面的法律风险评估，确保企业的决策行为既遵守法律法规，又符合企业的战略目标和长远发展利益。

（二）公共法律服务在企业经营中的功能

1.公共法律服务在企业经营中的风险防控作用

公共法律服务通过提供专业的法律咨询和风险评估，帮助企业识别、分析和应对潜在的法律风险，为企业的稳健经营保驾护航。企业的经营活动涉及合同管理、知识产权保护、劳动用工等多个环节，这些环节都潜藏着法律风险。公共法律服务通过提供专业的法律意见和指导，帮助企业完善内部管理制度，规范业务流程，确保企业行为符合法律法规的要求。同时，公共法律服务能协助企业建立风险预警机制，及时发现和应对潜在的法律风险，避免或减少因法律问题而带来的损失。企业在制定发展战略、进行投资并购等重大决策时，往往需要对法律风险进行全面评估。公共法律服务通过提供专业的法律分析和建议，帮助企业评估决策的合法性和可行性，为企业的决策提供科学依据。此外，企业经营过程中如果遇到各种法律纠纷，如合同纠纷、知识产权纠纷等，公共法律服务通过提供专业的法律代理和诉讼支持，帮助企业维护自身权益，减少损失。同时，公共法律服务能协助企业与对方进行协商和调解，寻求互利共赢的解决方案，促进企业的和谐稳定发展。

2.公共法律服务在企业合规经营中的促进作用

合规经营是企业稳健发展的基石，而公共法律服务则为企业提供了法律层面的支持和保障，确保了企业在复杂多变的市场环境中始终遵循法律法规，实现可持续发展。公共法律服务有助于企业深入理解并遵守相关法律法规。法律法规是企业经营的基本准则，企业必须严格遵守，才能确保自身的合法经营。公共法律服务通过为企业提供法律培训、解读政策法规等方式，帮助企业全面了解和掌握相关法律法规，确保企业在日常经营活动中始终遵循法律要求，避免因违法违规行为而引发的法律风险。合规管理体系是企业实现合规经营的重要保障，它能够帮助企业识别、评估、应对和预防法律风险。公共法律服务通过提供专业的合规咨询和指导，帮助企业建立健全的合规管理制度，完善合规管理流程，确保企业在各个环节都能够做到合规经营。随着法律法规的不断更新和市场环境的不断变化，企业面临着越来越多的合规挑战。公共法律服务能够针对企业的具体情况，提供个性化的合规解决方案，帮助企业应对各种合规问题。同时，公共法律服务能协助企业与监管机构进行沟通和协调，确保企业在合规经营方面得到认可和支持。

（三）公共法律服务在企业融资与并购中的角色

1.公共法律服务在企业融资中的地位

在企业成长过程中，融资是一个至关重要的环节，它直接关系到企业的资金链、扩张速度以及未来的发展前景。而融资并非易事，它涉及众多复杂的法律问题和风险。在这一背景下，公共法律服务以专业性和权威性，在企业融资过程中发挥着不可或缺的作用。在融资过程中，企业需要了解各种融资方式的优缺点、适用条件以及潜在风险。公共法律服务机构拥有丰富的法律知识和实践经验，能够为企业量身定制融资方案，帮助企业选择合适的融资方式，如股权融资、债权融资或混合融资等。同时，公共法律服务能为企业提供融资合同审查、法律咨询等服务，确保融资过程的合规性和安全性。在融资过程中，企业可能面临诸多法律风险，如合同违约、知识产权侵权等。这些风险一旦发生，将给企业带来巨大的经济损失和声誉损害。公共法律服务能够提前识别并评估这些风险，为企业提供风险预警和防范建议。同时，公共法律服务能在风险发生后，为企业提供法律救济途径，帮助企业维护自身权益，降低损失。此外，在融资过程中，企业需要与众多金融机构、投资者进行沟通和协商。公共法律服务能够协助企业完善融资材料，提高材料的合规性和说服力，从而增加金融机构和投资者对企业的信任度。同时，公共法律服务能为企业提供融资谈判支持，帮助企业争取更有利的融资条件和条款，提高融资效率。

2.公共法律服务在企业并购中的重要地位

企业并购作为扩大规模、优化资源配置和提升竞争力的重要手段，已成为现代企业发展的重要途径。并购过程涉及的法律问题复杂且多样，需要专业的法律服务来保驾护航。在这一方面，公共法律服务以专业性和权威性，发挥着不可替代的作用。公共法律服务在企业并购前期扮演着重要角色。在并购初期，企业需要对目标企业进行尽职调查，以了解目标企业的资产状况、负债情况、法律风险等。公共法律服务机构能够协助企业进行尽职调查，提供专业的法律意见和风险评估报告，帮助企业全面了解目标企业的法律状况，为后续的并购决策提供依据。在并购交易过程中，公共法律服务发挥着关键作用。并购交易涉及众多的法律文件和合同，如并购协议、股权转让协议、资产收购协议等。公共法律服务能够为企业提供合同审查、法律咨询和谈判支持等服务，确保合同条款的合法性和公平性，降低交易风险。同时，公共法律服务能协助企业办理相关行政审批和登记手续，确保并购交易的合法性和有效性。并购完成后，企业面临着文化整合、人员调整、业务融合等一系列挑战。公共法律服务能够为企业提供并购后的法律支持和风险防控建议，帮助企业平稳度过整合期，实现并购的协同效应和预期目标。此外，公共法律服务关注并购过程中的反垄断与合规问题。并购可能涉及反垄断审查和市场准入等法律问题，公共法律服务能够为企业提供相关的法律咨询和应对策略，确保并购过程的合规性，避免不必要的法律风险。

二、公共法律服务对投资保护的作用

（一）投资前期的法律风险评估与规避

1.公共法律服务为投资者提供全面的法律风险评估

在投资领域，特别是涉及跨领域、跨地域的大型投资项目，其背后的法律环境和法律关系错综复杂。这就要求投资者在踏入这一领域前，必须对相关的法律风险有深入的了解与精准的评估。公共法律服务在这一环节中扮演着举足轻重的角色，其背后的专业法律团队拥有丰富的法律知识和实践经验，能够对投资项目进行细致入微的法律审查。这种审查不仅覆盖了合同条款的合法性与合规性，而且会深入探讨项目中涉及的知识产权状况，是否存在侵权或被侵权的风险。同时，对于项目所需的各类行政许可，公共法律服务也会进行详尽的核查，确保所有手续齐全、合法。更为值得一提的是，公共法律服务并不是简单地提供一份标准的审查报告。它会根据投资者的实际需求和投资目标，进行定制化的法律风险分析。这种分析更为深入、全面，旨在挖掘每个潜在的法律风险点。这些风险点既可能隐藏在合同的细微之处，也可能与知识产权的权属问题有关，还可能与行政许可的具体条款紧密相连。完成审查后，公共法律服务会提供一份详尽的法律风险分析报告，这份报告不仅仅是一个简单的结论，而是对每个法律风险点的深入剖析，会明确指出这些风险点对投资活动可能带来的具体影响，包括但不限于资金损失、项目延期、声誉受损等，为投资者提供一个可靠依据。

2.公共法律服务助力投资者规避潜在的法律风险

基于深入的法律风险评估，公共法律服务会为投资者提供一系列的法律建议和解决方案。这些建议可能涉及合同条款的修改、交易结构的调整或者投资策略的优化。公共法律服务会根据投资者的实际情况，提供个性化的法律风险规避方案。例如，针对某些高风险的投资项目，公共法律服务可能会建议投资者采取分步投资、设立特殊目的公司或者引入第三方担保等措施，以降低投资风险。同时，公共法律服务会就如何与合作伙伴进行谈判、如何保护自身权益等方面提供具体的法律指导。通过这些规避措施，投资者能够在投资前有效地减少或避免潜在的法律风险，从而保障投资活动的顺利进行。公共法律服务在这一过程中的专业性和前瞻性，无疑为投资者提供了一面坚固的法律盾牌，使得投资者能够更加自信、从容地面对复杂多变的投资环境。

（二）投资过程中的法律监管与维权

1.公共法律服务在投资过程中的法律监管作用

随着全球经济的快速发展和国际投资合作的不断深化，投资领域的法律风险和挑战也日益增多。公共法律服务通过提供专业的法律咨询和监管服务，为投资者提供全方位的法律保障，确保投资活动的合规性和安全性。公共法律服务能够协助投资者识别和评估投资项目的法律风险。在投资前，公共法律服务机构会对投资项目进行全面的法律尽职调查，分析项目所在地的法律法规、政策环境以及潜在的法律风险，为投资者提供决策参考。在投资过程中，公共法律服务会密切关注投资合同的执行情况，确保合同双方的权益得到保障。对于合同履行中可能出现的争议或纠纷，公共法律服务会及时提供专业的法律建议和解决方案。此外，公共法律服务能够协助投资者应对监管机构的审查和监管要求。在投资过程中，投资者需要遵守各种监管规定和法律法规，公共法律服务可以帮助投资者了解并遵守相关规定，避免因违规操作而引发的法律风险。

2.公共法律服务在投资维权过程中的重要作用

公共法律服务通过提供专业的法律支持和维权指导，帮助投资者维护自身权益，促进投资关系的和谐稳定发展。当投资者遇到法律纠纷或权益受损时，公共法律服务会深入了解情况，分析法律关系，为投资者提供针对性的法律建议和维权策略。在维权过程中，证据的收集和材料的准备至关重要，公共法律服务能够帮助投资者梳理案件事实，完善证据链，确保维权行动的有效性和合法性。此外，公共法律服务能够代表投资者与对方进行协商和谈判，寻求互利共赢的解决方案。在维权过程中，通过协商和谈判解决纠纷往往是一种更加高效和经济的方式，公共法律服务能够运用专业知识和经验，为投资者争取最大的利益。通过帮助投资者维护自身权益，公共法律服务能够增强投资者对市场的信心，促进投资市场的健康发展。同时，公共法律服务能够通过处理投资纠纷和维权案件，推动相关法律法规的完善和改进，为投资市场的长远发展提供有力的法治保障。

三、公共法律服务与企业发展、投资保护的协同并进

（一）公共法律服务与企业发展的协同效应

1.优化企业治理结构

随着市场经济的发展和企业竞争的加剧，企业治理结构优化已成为提升企业核心竞争力的关键一环。公共法律服务以专业的法律知识和丰富的实践经

验，为企业治理结构的完善提供了有力的支持。公共法律服务通过为企业提供法律风险评估与合规审查，帮助企业识别潜在的法律风险，规范企业行为，确保企业运营符合法律法规的要求。在企业治理结构构建过程中，公共法律服务协助企业建立健全的决策机制、监督机制和执行机制，确保企业权力运行透明、高效、规范。随着时代的发展，企业治理面临着新的挑战和机遇。公共法律服务通过深入研究相关法律法规和政策动态，为企业治理创新提供法律支持和建议。在股权结构、董事会运作、管理层激励等方面，公共法律服务为企业提供专业的法律建议，帮助企业实现治理结构的创新和完善。此外，公共法律服务在企业治理结构优化中发挥着桥梁和纽带的作用。它连接着企业与政府、市场和社会等各方利益相关者，为企业协调各方关系、解决治理难题提供了有效的途径。通过公共法律服务，企业可以更好地了解政策走向和市场动态，把握发展机遇，规避潜在风险。同时，公共法律服务为企业与利益相关者之间的沟通和协作提供了法律保障，促进了企业与社会、环境的和谐共生。通过优化企业治理结构，公共法律服务为企业提供了更加稳健、高效的运营环境，为企业实现可持续发展提供了有力保障。同时，企业治理结构的优化促进了整个市场的公平竞争和健康发展，为经济社会的稳定和繁荣奠定了坚实的基础。

2.降低企业经营风险

在复杂多变的市场环境中，企业面临着来自内外部的诸多风险挑战，包括但不限于合同管理、知识产权保护、劳动法合规以及税务处理等方面。公共法律服务作为专业的法律支持力量，能够为企业提供精准、高效的法律指导和服务，从而有效降低企业的经营风险。合同是企业与外部合作伙伴之间的重要法律文件，其规范性和有效性直接关系到企业的权益保障和业务安全。公共法律服务机构具备丰富的合同审查经验，能够协助企业对合同条款进行全面、细致的梳理和分析，确保合同条款的合法性和公平性。同时，公共法律服务能为企业提供合同履行的法律监督，确保合同内容得到切实履行，避免因合同履行不当而引发的法律风险。在这一过程中，知识产权是企业的重要资产，对于企业的创新能力和市场竞争力具有重要影响。而知识产权侵权和纠纷也时常发生，给企业带来不小的经济损失和声誉风险。公共法律服务通过提供专业的知识产权咨询、申请、维权等服务，帮助企业建立健全的知识产权保护体系，有效预防和应对知识产权风险。此外，随着劳动法律法规的不断完善，企业在用工管理、薪酬福利、劳动争议处理等方面面临着越来越高的合规要求。公共法律服务通过提供劳动法培训、法律咨询和争议调解等服务，帮助企业增强劳动法合规意识，规范用工行为，避免因劳动纠纷而引发的法律风险和经济损失。税务问题是企业经营中不可忽视的一环，公共法律服务能够为企业提供税务筹划、税务审查以及税务争议解决等服务，帮助企业规范税务行为，降低税务风险，确保企业的税务合规性。公共法律服务以专业性和权威性，为企业在合同管理、知识产权保护、劳动法合规以及税务处理等方面提供了有力的法律保障和支持。通过加强公共法律服务与企业之间的合作和交流，企业能够更好地识别和应对潜在的法律风险，降低经营风险，从而实现稳健、可持续的发展。因此，企业应积极利用公共法律服务资源，不断提升自身的法律风险防控能力，为企业的长远发展奠定坚实的基础。

3.帮助企业完善内部管理制度

随着企业规模的扩大和市场竞争的加剧，优化和完善内部管理结构成为企业持续发展的关键。公共法律服务通过为企业提供专业的法律咨询和指导，推动企业建立科学、合理的管理框架。在这一过程中，公共法律服务不仅关注企业的法律合规性，更致力于提升企业整体的管理效能。具体而言，公共法律服务会深入分析企业的现有管理结构，指出可能存在的问题和潜在的法律风险。针对这些问题，法律服务团队会提出切实可行的改进建议，如优化决策流程、明确各部门职责权限、建立有效的监督机制等。这些建议旨在帮助企业实现管理上的高效运作，同时确保企业在法律框架内稳健发展。此外，公共法律服务会根据企业的实际情况，协助制定和完善内部管理制度，如员工手册、合同管理制度等。这些制度不仅有助于规范员工行为，提高工作效率，而且能在一定程度上减少企业面临的法律风险。通过这一系列的法律服务，企业能够逐步构建起一种既符合法律法规要求，又能满足自身发展需要的内部管理结构。在这一过程中，公共法律服务注重培养企业的法治文化。通过定期的法律培训和宣传活动，法律服务团队帮助企业员工增强法律意识，提高依法经营的能力。这种法治文化的渗透，不仅有助于提升企业的整体形象，更能为企业的长远发展提供坚实的法治保障。

4.提升企业市场竞争力

随着市场竞争的日益激烈，企业不仅需要在技术创新、产品质量等方面保持领先，更需要在法律合规、风险防控等方面下足功夫。公共法律服务以专业性和权威性，为企业提供了"一站式"的法律支持，帮助企业筑牢法律防线，提升市场竞争力。在市场竞争中，企业往往面临着复杂的法律风险和挑战，如合同纠纷、知识产权侵权等。公共法律服务机构通过深入了解企业的业务模式和运营环境，能够为企业提供精准的法律风险评估，帮助企业识别潜在的法律风险点，并制定相应的防控措施。公共法律服务机构具备专业的法律知识和丰富的实践经验，能够为企业提供有效的法律支持和代理服务。无论是通过协商谈判还是诉讼仲裁，公共法律服务都能帮助企业维护自身的合法权益，减少经济损失和声誉影响。此外，公共法律服务能为企业提供法律咨询和培训服务，提升企业的法律意识和法律素养。通过定期的法律培训和讲座，公共法律服务能够帮助企业员工了解最新的法律法规和政策动态，掌握基本的法律知识和技能。这有助于企业员工在日常工作中自觉遵守法律法规，防范法律风险，同时能提升企业的整体法律素养和形象。在创新驱动的市场竞争中，企业的创新能力和创新成果往往是企业竞争力的重要体现。公共法律服务通过为企业提供专利申请、知识产权保护等方面的法律支持，帮助企业保护创新成果，防止知识产权被侵犯。

（二）公共法律服务与投资保护的协同效应

1.强化法律意识与投资决策

通过提供公共法律服务，投资者可以更加深入地了解法律法规，进而增强自身的法律意识，这对于投资者在投资过程中做出明智、合理的决策至关重要。公共法律服务作为现代社会治理体系的重要组成部分，为投资者提供了便捷、高效的法律咨询和法律服务。在投资决策阶段，投资者往往需要面对复杂多变的投资环境和众多潜在的法律风险。通过接受公共法律服务的专业指导，投资者可以更加全面地了解投资项目所涉及的法律问题，对投资项目的合法性和可行性进行更为准确的评估，这有助于确保投资决策的合规性和稳健性。

在投资过程中，合同的签订和履行是保障投资者权益的关键环节。公共法律服务可以帮助投资者审查合同条款，确保合同内容合法、合规，从而避免因合同条款不清晰或存在漏洞所引发的法律风险。同时，公共法律服务能为投资者提供关于合同履行过程中的法律建议和解决方案，确保投资者的权益得到充分保障。此外，随着法律法规的不断完善和政策环境的不断变化，投资领域也面临着越来越多的挑战和机遇。公共法律服务通过提供及时、准确的法律信息和政策解读，使投资者能够更好地把握市场脉搏，制定更加合理的投资策略。强化法律意识与投资决策的紧密结合，有助于投资者在投资过程中实现风险与收益的平衡。通过接受公共法律服务的专业指导，投资者可以更加理性地看待投资风险，采取更加有效的风险控制措施。同时，公共法律服务能帮助投资者发现并利用投资机会，实现投资回报的最大化。

2.促进投资市场的健康发展

投资市场作为现代化经济体系中的重要组成部分，其稳定运行不仅关乎投资者的切身利益，更对整体经济的持续增长起到关键作用。公共法律服务正是通过专业的法律支持和保障功能，为投资市场的规范化和健康发展提供了坚实的支撑。在投资市场中，公共法律服务通过制定和执行严格的法律法规，对这些非法行为进行严厉打击，从而维护了投资市场的正常秩序。此外，在信息不对称的投资环境中，投资者往往难以做出明智的投资决策。公共法律服务通过要求上市公司进行充分的信息披露，保护投资者的知情权，使得投资者能够基于准确、全面的信息做出投资判断。这种透明度的提升，不仅增强了投资者的信心，而且促进了市场资源的合理配置。在一种法律健全、监管有力的投资环境中，投资者能够更加放心地进行投资活动，无须过分担忧自身的权益受到侵害。这种信心的提升，对于吸引更多的资金流入投资市场具有至关重要的作用。资金的充裕是投资市场繁荣的基石，而公共法律服务正是通过协同效应，为市场注入了强大的信心动力。随着投资者信心的增强和资金的不断流入，投资市场得以进一步繁荣和发展。公共法律服务在这一过程中起到了不可或缺的推动作用。通过其专业的法律服务，公共法律服务为投资市场的各个参与方提供了一个公平、公正的竞争平台，使得市场能够在法治的轨道上稳健前行。

3.推动投资环境的优化

在一个充满变数与不确定性的投资市场中,投资者往往面临着种种风险与挑战,而一种稳定、透明且法治化的投资环境则是他们最为渴望的。公共法律服务正是通过为投资者提供全方位的法律支持与保障,有效地推动了投资环境的持续优化。在此过程中,公共法律服务通过提供专业的法律咨询、法律培训和法律信息更新等服务,帮助投资者更好地掌握投资市场的法律框架和规则,从而使投资者能够在法律的指引下做出更为明智的投资选择。此外,当投资者对投资环境的法治化水平、政策稳定性和市场公平性抱有信心时,更愿意将资金投入市场,参与各类投资活动。这不仅有助于吸引更多的国内外投资者进入市场,而且能够激发市场的活力和创新力,从而推动整个投资市场的持续发展和繁荣。公共法律服务通过为投资者提供法律风险评估和预警服务,能够帮助投资者及时发现并应对潜在的法律问题,避免因法律问题而引发的投资纠纷和损失。这不仅保护了投资者的合法权益,而且为整个投资市场创造了一种更为稳定、和谐的环境。同时,公共法律服务通过参与投资争议的解决,为投资环境的优化提供了有力的支持。在投资过程中,公共法律服务通过提供调解、仲裁等多元化的争议解决方式,帮助投资者高效、公正地解决这些问题,从而维护了投资市场的稳定和秩序。

参考文献

[1]　许凌艳.政府购买公共服务法律制度研究[M].上海:上海财经大学出版社,2020.

[2]　何阳.公共服务视域下农村人民调解供给[M].北京:社会科学文献出版社,2021.

[3]　唐京华.乡镇政府公共服务能力影响因素研究:政治理论[M].上海:学林出版社,2023.

[4]　徐青英.法治阳光,伴我成长：高中阶段的法治教育锦囊：法学理论[M].上海:上海人民出版社,2023.

[5]　杨仁财.新时代全面依法治国方略与大学生法治教育研究[M].西安:陕西师范大学出版总社,2022.

[6]　陈诚.当代大学生法治教育问题研究[M].北京:中国政法大学出版社,2022.

[7]　杨永华.青少年法治教育课堂[M].北京:群言出版社,2021.

[8]　周家亮.政治与法治教育[M].济南:山东人民出版社,2020.

[9]　雷槟硕.宪法教育与法治教育[M].上海:上海人民出版社,2021.

[10]　曾庆玫.新形势下青少年法治教育实施战略研究[M].西安:陕西师范大学出版总社,2019.

[11]　马长山.高职高专法治教育教程[M].北京:中国民主法制出版社,2019.

[12]　房玉春.高等职业院校大学生法治教育研究[M].北京:中国社会科学出版社,2019.

[13]　周洪宇.教育法治论[M].武汉:湖北教育出版社,2021.

[14]　张艳.法治素养教育[M].北京:中国政法大学出版社,2022.

[15]　郎全发,宋增林.学前教育法治案例研究[M].兰州:兰州大学出版社,2022.

[16]　冷传莉.法治中国与法学教育[M].北京:知识产权出版社有限责任公司,2020.

[17]　黄莹.法治教育进校园[M].武汉:武汉大学出版社,2022.

[18]　张晓冰.青少年法治教育研究[M].北京:法律出版社,2023.

[19]　顾江.文化产业研究:高质量发展[M].南京:南京大学出版社,2020.

[20]　高培勇.经济高质量发展理论大纲[M].北京:人民出版社,2020.

[21]　李波.区域高质量发展的实践与思考[M].北京:中国发展出版社,2020.

[22] 任保平.新时代中国经济高质量发展研究[M].北京:人民出版社,2020.

[23] 王晓丽.公共法律服务的困境与完善[J].法制博览,2024（12）:99-101.

[24] 杨丹梨鹭,范芮菱.让公共法律服务更亲民[N].四川日报,2024-04-28（007）.

[25] 马利民.推动公共法律服务规范发展[N].法治日报,2024-05-12（007）.

[26] 司法部召开会议部署推进现代公共法律服务体系建设[J].中国公证,2024（4）:6-7.

[27] 董凡超,张冲.优化服务 提升效率 保障质量[N].法治日报,2024-04-10（002）.

[28] 李光明.群众家门口就有多元化法律服务[N].法治日报,2024-04-09（001）.

[29] 董凡超.践行法治为民 推进公共法律服务高质量发展[N].法治日报,2024-03-28（002）.

[30] 冉纯.数字公共法律服务视域下高校法治建设路径[J].法制博览,2024（9）:79-81.